【第二辑】

深圳風物志

地名密码卷

程 建 · 编著

肖惠方 · 绘

海天出版社

中国 · 深圳

图书在版编目（CIP）数据

深圳风物志.第二辑.地名密码卷/程建编著；肖惠方绘.— 深圳：
海天出版社，2020.1（2020.12重印）

ISBN 978-7-5507-2811-0

Ⅰ.①深… Ⅱ.①程… ②肖… Ⅲ.①深圳–地方志
②地名–介绍–深圳Ⅳ.① K296.53

中国版本图书馆 CIP 数据核字 (2020) 第 003622 号

深圳风物志·第二辑·地名密码卷

SHENZHEN FENGWU ZHI · DI-ER JI · DIMING MIMA JUAN

出 品 人	聂雄前
责任编辑	涂玉香
责任技编	陈洁霞
装帧设计	越众文化传播
封面题字	曹子器

出版发行	海天出版社
地　　址	深圳市彩田南路海天综合大厦 7-8 层（518033）
网　　址	www.htph.com.cn
订购电话	0755-83460239（邮购、团购）
印　　刷	深圳市新联美术印刷有限公司
开　　本	787mm×1092mm 1/16
印　　张	15
字　　数	160 千字
版　　次	2020 年 1 月第 1 版
印　　次	2020 年 12 月第 2 次
定　　价	68.00 元

作者简介

作者　程建

　　程建（1962—　），四川崇州人。深圳地名研究者。
1979 年毕业于崇州市崇庆中学，后考入中山大学
历史系学习，1981 年转入中山大学人类学系考古
专业。1983 年毕业后，先后在江苏省镇江博物馆、
镇江革命历史博物馆、镇江市文管办工作。现居深
圳。现任深圳市宝安区文艺家协会副主席、深圳市
古迹保护协会理事、宝安区传统文化协会副会长、
沙井蚝民俗文化研究会副会长。主要著作有《京口
文化》《沙井记忆》《激荡三十年——我们的宝安》
《阅读宝安》《千年传奇沙井蚝》《深圳古诗拾遗》等，
参与编撰了《沙井镇志》《沙井街道志》《新桥街
道志》《深圳文物志》《宝安文物志》《宝安区志》。

手绘师简介

手绘师 肖惠方

2014 年毕业于中南民族大学动画系

2017 年毕业于深圳大学艺术设计学院获硕士学位

自由职业插画师

出版绘本

2016 年 10 月合作出版《最后一颗向日葵种子》

2017 年 1 月合作出版《神秘的生日礼物》

2017 年 6 月合作出版《春天的约定》

2019 年 8 月出版个人绘本《奇怪的白色小鳄鱼》

地名里的历史文化密码

　　地名在我们日常生活和工作中，无时不在，无处不在。我从哪里来，我现在在哪里，我将要到哪里去，无不与地名相关。每一个地名都是一个坐标，为我们确定位置，指明方向，是人们工作、生活、交往不可缺少的工具。

　　记得改革开放之初，当深圳经济特区建立的消息见诸新闻媒体，很多有识之士辞了公职奔向这座城市的时候，很多人都不认识深圳的"圳"，既不知道它是水沟的意思，也不知道它的读音，"深川深川"乱叫了很长一段时间后，才知晓正确的读音。像这样极具地方特色的地名在深圳还有许多，如东涌、步涌的"涌"字，很多人在那里生活许久，也不知道自己读"涌"读成了"yǒng"，而正确的读音应该是"chōng"，电台电视台的新主持人也常读错。更不要说壆岗的"壆"，更是少有人认识。就是本地人也嫌麻烦，干脆把村名改成"坐岗"，笔画是减少了，读音仍然叫外地人犯愁。还有对面喊、棺材坑、吓陂村，这些听上去都有些奇怪的地名，其实如同古迹一样，已成为深圳这座城市独有的地理和历史文化资产，是记载一个城市文化的"活地图"。

　　地名是历史的产物，它的命名、更名、发展、演变始终受着社会各方面的制约，地名里藏着许多历史文化密码，为语言学、地理学、历史学、民俗学等学科的研究提供宝贵资料。尽管深圳是一座快速成长起来的大城市，涌现出许许多多新的地名，但也保留了很多有价值、有文化、有传统的地名，伴随着城市成长的沧桑印迹，凝聚着深圳人的精神与情感，渗透到社会生活的每一个层面。只有了解一个又一个丰富精彩的深圳地名，以及地名背后的历史人文，我们才能真正走近深圳，认识深圳。

本书收录的地名，大多数是老地名，有的早已成为历史地名，消失在历史的长河中；有的改了又改，早已无法将新、旧地名联系起来；当然还是有些老地名经受住时间的洗礼，尽管所指的地域空间有或大或小的变化，地名仍然不变。

来了就是深圳人。让我们从今天起，从老地名开始，读懂深圳！学习地名，做一个真正的深圳人！

第一章　政区聚落

第一节　深圳市
宝安县 / 003

新安县 / 005

深圳市 / 008

第二节　宝安区
参里 / 013

西乡 / 014

固戍 / 017

福永（伏涌）/ 021

凤凰（岭下）/ 023

沙井 / 025

归德 / 028

新桥 / 029

万丰村（万家萌）/ 032

第三节　龙岗区
龙岗 / 035

布吉 / 036

坂田 / 038

平湖 / 041

荷坳 / 044

柑坑 / 045

第四节　南山区
南头 / 048

南山 / 049

蛇口 / 051

赤湾 / 055

屯门 / 059

白石洲 / 061

西沥 / 063

横龙岗 / 064

第五节　福田区
福田 / 066

新洲 / 066

车公庙 / 069

第六节　罗湖区
罗湖 / 072

蔡屋围 / 073

第七节　盐田区
盐田 / 077

三洲田 / 078

沙头角 / 080

第八节　坪山区
坪山 / 085

坑梓 / 088

第九节　龙华区
龙华 / 091

清湖 / 093

油松 / 097

白石龙 / 098

观澜 / 102

望天湖 / 105

第十节　大鹏新区
大鹏 / 109

王母峒 / 111

葵涌 / 113

沙鱼涌 / 115

大鹏水贝 / 118

南澳 / 120

第十一节　光明区

光明 / 125

公明 / 127

光明水贝 / 129

合水口 / 131

楼村 / 132

玉勒 / 134

第二章　山川河流

第一节　山

梧桐山 / 139

羊台山（阳台山）

/ 141

大髻婆山 / 143

茅山 / 145

大南山 / 147

莲花山 / 149

大鹏山 / 150

第二节　河流

深圳河 / 155

茅洲河 / 156

第三节　海 海湾

合澜海 / 160

前海 / 162

后海 / 165

零丁洋 / 167

大鹏湾 / 170

第四节　岛屿

内伶仃岛 / 175

大铲岛 / 178

第三章　名胜古迹

第一节　古遗址

咸头岭遗址 / 183

屋背岭商代遗址 / 186

第二节　古城址

南头古城 / 189

大鹏所城 / 192

第三节　古建筑

龙津石塔 / 195

曾氏大宗祠 / 197

绮云书室 / 199

第四节　寺庙

东山寺 / 203

龙岩古寺 / 204

赤湾天后宫 / 204

云溪寺 / 207

第五节　古墟

茅洲墟 / 210

清平墟 / 211

观澜墟 / 213

沙井墟 / 217

参考书目 / 219

后记 / 220

第一章

深圳风物志·第二辑·地名密码卷

政区聚落

第一节

深圳市

宝安县

宝安县是深圳市的古县名。2009年，东莞县被授予"千年古县"的称号，联合国地名专家组中国分部和民政部地名研究所启动的中国地名文化遗产保护工程，在全国现存的800多个古县中，优选100个古县进行重点保护。宝安建县的历史比东莞长，东莞县还是从宝安县改名而来的，为何宝安却没有申报"千年古县"的资格？只因为宝安经历三建三废的命运，名字改来改去，没有稳定性和连续性。

宝安县建于东晋咸和六年（331），属东莞郡，郡治和县城都设在今天的南头古城的位置。那时的宝安县管辖珠江出海口的两岸，大致包括如今的东莞、深圳、香港、中山、珠海和澳门等地。宝安县名的由来有多种说法。一种说法，是因县境内一座有银矿的宝山而得名，寓意"得宝而安"。明嘉靖年间（1522—1566）王希文撰《卫邑武坊记》云："言宝，得其宝者安，凡以康民也。"另一种说法，是因"珍宝之气聚焉"而得名。清康熙年间靳文谟纂修《新安县志》云："邑地枕山面海，周围二百余里，奇形胜迹不一而足，而山辉泽美，珍宝之气聚焉。故旧郡名以宝安。"宝安县的建立使得深圳首次出现了县级行政中心。

宝安县第一次被取消是在唐至德二年（757），宝安县改名为东莞县，管辖的范围没变，县城从南头迁到一个名字叫到涌的地方（今东莞莞城）。

尽管早在唐代宝安县就改为东莞县，然而在很长的时间内东莞都被称为宝安，因为在南头一直还存在一个名字叫东莞的盐场。东莞盐场的历史更为悠久，汉代就在这里设东官管理盐务，东莞的名字还来源于此。而且盐场一直独立于东莞县。元皇庆元年（1312）郭应木、陈庚编纂的最早的县志就不叫《东莞县志》，而是名为《宝安志》，郭应木在序言中说："宝安为旧东官地，故家文献在焉。"明代永乐初庄恭、陈义纂续修，取名为《宝安续志》。明正统四年（1439），陈琏致仕回乡，被东莞知县周式延聘纂修县志。陈琏在正统七年（1442）夏六月写的序言中说："因念宝安为广壮邑，地大物夥，文献之盛著于古昔，志之修其可后乎？"陈琏在《罗浮山志序》开篇就说："予家宝安，去罗浮百里而近，当天宇晴碧，山色历历在眉睫间。"在他那个时代，正是当地家族文化的形成时期，陈琏为很多家族的族谱写过序言，注明地望为宝安的就有宝安李氏、宝安椎山黄氏、宝安赵氏、宝安何氏、宝安蔡氏等。陈琏还编辑过一本诗集，收录宋元以来东莞诗人的作品，取名叫《宝安诗录》。直到清代康熙年间（1662—1722），东莞知县郭文炳将自己的俸银一百二十两捐出来办了一家义学，取名为宝安义学。由此可见，在明清时期好长的一段时间里，在人们的心目中，宝安就是东莞，而东莞特指东莞盐场。

到了南宋以后，东莞县管辖的地区开始分化，绍兴二十二年（1152），成立香山县，珠江西岸的中山、珠海和澳门等地从东莞县分了出去。明万历元年（1573）设立新安县，珠江东岸的深圳、香港等地也从东莞县分了出去。

宝安县第一次被恢复是在1914年。新安县因与河南省新安县重名而改名，恢复宝安县名。从这个时候开始，东莞和宝安才真正分清楚，才有了东宝地区的说法。1949年10月，宝安县大部分地区解放，宝安县人民政府接管各区乡政权，先后在新区设置3个联乡、10个乡和1个镇，即松岗、沙井、新桥、雍睦、凤凰人民联乡，西乡、上川、八合、固戍、黄田人民联乡，莲城、十约、南屏人民联乡3个联乡，公明乡、沙湾乡、龙华乡、民治乡、布吉乡、平湖乡、观澜乡、沙河乡、沙头乡、石岩乡10个乡和深圳镇（乡）。原宝安县第三区的东河乡、南平乡、王母乡、大鹏乡、葵沙乡由惠阳县接管。1958年10月，将东莞新美小乡划给宝安县管辖，并入光明公社。11月，惠阳县划出坪山、大鹏、龙岗3个公社归宝安县管辖。

宝安县第二次被取消是在1979年。这年3月5日，国务院批复同意广东省宝安县改设为深圳市，属省辖市建制，以宝安县的行政区域为深圳市行政区域，下辖罗湖、南头、松岗、龙华、龙岗、葵涌六个区。1980年8月全国人大常委会颁布了《广东省经济特区条例》，将深圳、沙头角二镇和附城、盐田、南头、蛇口公社划为深圳经济特区。

宝安县第二次被恢复是在1981年。这年10月，恢复宝安县的建制，管辖深圳经济特区外的地区，全县划分为大鹏、葵涌、坪山、龙岗、坪地、横岗、平湖、布吉、观澜、龙华、石岩、西乡、沙井、福永、松岗、公明16个人民公社和光明华侨畜牧场。

宝安县最后被取消是在1992年。这年12月，宝安县被拆分为龙岗区和宝安区。宝安区下辖新安、福永、沙井、松岗、公明、石岩、龙华、观澜8个镇1个光明农场196个行政村9个居委会。

新安县

新安也是深圳市的古县名，建于明万历元年（1573），废于民国三年（1914）。

到了明代，随着倭寇、海盗和番夷的不断骚扰，南头一带地区愈来愈显示出重要的战略地位。正德年间（1506—1521），当地百姓也曾请求从东莞县分出单独立县，可惜没有被官府采纳。嘉靖中叶以后，东南沿海一带的倭患愈演愈烈，由于官兵征剿不力，倭寇出没无常，如入无人之境。

隆庆六年（1572）二月，刘稳调补广东提刑按察司副使，巡视广东沿海的海防。南头乡绅吴祚等人见到刘稳后，伏地哭诉百姓饱受的饥荒和海盗之苦，要求在南头设立县治。他说："辛酉之变，阖郡皆然，虽由天变，实亦人事。为滨海万年计，久安不如立县便。"刘稳在原都察院左副都御史何维柏、总督两广军务兼巡抚广东的兵部右佥都御史殷正茂的支持下，将在南头设县的请求上报朝廷。朝廷批复，同意立县，并命名为新安，取其"革故鼎新，去危为安"之义。

万历元年（1573），新安县终于从东莞县分了出来，地盘主要是东莞守御千户所城所管辖的旧编户五十六里。全县设三乡，七都，五十七图，五百村，境内外地乡宦的田都附籍于五都二图。据清康熙年间编纂的《新安县志》记载，万历元年新安县的居民有7608户，33971人。

新安县的疆域，据清康熙《新安县志》记载，大致为："邑治东西广九十里，南北袤一百余里。东抵旱塘凹八十里，为惠州归善县抵界。西抵香山县界。南抵佛堂门重山叠嶂。北抵莲花峰六十里，为东莞县界。东南抵平海守御千户所，陆路一百五十里，为惠州府界。东北抵半凹山九十里，为东莞县界。西北抵虎头门。西南抵香山寨。"

清嘉庆《新安县志》中新安县的疆域就改记为："邑地广二百七十里，衰三百八十里。东至三管笔海面二百二十里，与归善县碧甲司分界。西至矾石海面五十里，与香山县淇澳司分界。南至担杆山海面。北至羊凹山八十里，与东莞县缺口司分界。东北至西乡凹山一百五十里，与归善县碧甲司分界。西南至三牙山一百二十里，与香山县澳门厅分界。西北至合澜海面八十里，与东莞县缺口司分界。东南至沱泞山二百四十里与归善县碧甲司分界。"这个范围包括深圳市的大部分地区、香港的全部和东莞的一小部分。

1842 年清政府签订《南京条约》，割让新安县辖地香港岛给英国；1898 年，中英签订《展拓香港界址专条》，把深圳河以南、界限街以北的土地租借给英国。

1914 年 1 月 30 日，内务部总长朱启钤向总统府提交了一份《拟改各省重复县名撮举理由分别说明请鉴核批示文》，列举了地名重名的四大弊端，并附有《改定各省重复县名及存废理由清单》。方案得到袁世凯的批准。这次改名的主要原则，"凡两县同名，存其先置，新名从同，仍还故称"，即保留设置较为久远，政区较为稳定的县名。在这次改名中，新安县因与河南省新安县名重复，改用旧名宝安县。

1981 年 10 月，深圳市恢复宝安县建制时，县城决定建在南头关口外。1985 年 4 月，将西乡并入新县城，设立新安镇作为县城。取名新安，意思可以理解为新的宝安，也是向历史致敬。

深圳市

深圳现在已是一个国际化大都市，"深圳"这个名称在全世界都具有很高的知名度。但仅仅 40 年前，深圳还默默无闻。刚搞深圳经济特区的消息传出后，很多北方的人士都不识"圳"字，把深圳读成"深川"。那么，"深圳"这个名称是怎么来的呢？

深圳最早是一个墟市，在清代康熙年间编纂的《新安县志》就有记载。"圳"是一个古字，现代不常用。《康熙字典》上有这个字，它的解释是"江楚间田畔水沟谓之圳"。深圳墟建在滘水的入海口。滘水因为河道深而水位低，无法满足两岸居民灌田的需要，被人们视为深水沟，即深圳。深圳意味着沟深水多，水为财，作为墟市的名字是再合适不过了。后来，滘水因深圳墟改名为深圳河。

明代，深圳墟属官富巡检司管辖。上水往深圳有一条通衢，要通过扶地凹。官富巡检司廖膺宠康熙二十六年（1687）在月岗屯蔡家围前建了一座天渡桥，康熙二十八年（1689）在深圳墟建了一座惠民桥。到了清朝，深圳也越来越凸现它的军事地位。新安营在深圳设立深圳汛。清道光《广东通志》记载："深圳汛在本营东四十里，分防兵十六名，把总一员，外委一员，拨兵三十名。"

光绪二十四年（1898），英国与清政府签订《展拓香港界址专条》，英国人取得"新界"的租借权，将香港的边界自九龙界限街以北扩展到深圳河南岸，刺激了深圳墟的鱼埠、盐埠和缯（丝织品）埠等贸易场所的崛起。

1911 年 8 月 14 日，广九铁路全线通车。这条铁路起点在广州的大沙头火车站，终点在香港九龙尖沙咀火车站。当时从香港到广州的旅客，从九龙登上火车后，要在罗湖下车过关，再换乘缓慢向广州驶去的列车。

1911 年 8 月 14 日，广九铁路全线通车。这条铁路起点在广州的大沙头火车站，终点在香港九龙尖沙咀火车站。当时从香港到广州的旅客，从九龙登上火车后，要在罗湖下车过关，再换乘缓慢向广州驶去的列车。广九铁路在宝安县设有平湖火车站、布吉火车站和深圳墟火车站。随着广九铁路的通车和深圳墟火车站的设立，深圳墟如虎添翼，商贩云集，很快超过了当时周边的墟市，成为远近闻名的市场集散地。各种商品交易、商服活动都有自己固定的场所和地点。到了清末，这些固定场所和地点的街巷就有了自己的名称，如经营农产品的谷行街（今解放路）、卖小吃和杂货之地的维新路（今人民北路）、经营布匹与缝纫等的民缝街（大致位于今解放路新安酒家东面，西向）、买卖三鸟家禽的鸭仔街（大致位于今解放路新安酒家南面，东西向）等。深圳墟墟期是逢农历的二、五、八。

民国六年（1917）粤海道尹王典章出巡西江各属县，曾到过深圳墟，他的《出巡粤海日记》是这样记载的：

五月九日，改乘广九铁路火车赴宝安，十一点钟抵深圳。墟内商店二百四十家。从前商业颇盛，自轮轨通行，各乡货物均由省港直接输运，近已渐不如前。产物以蚝豉为最佳，油精、花生、菠萝、沙梨、萝卜、荔枝等亦出品之大宗云。巡视街市，计有私塾七所，每所学生平均三十人，当有二百余人。……该墟设警察二十一名，区长林中鹤，所用枪械仅三支，颇觉有名无实。另扎军队三排，属警卫军第十三营营长魏觋明即驻于此。……县属商务凋敝，墟市中唯深圳、黄松冈、云霖、观澜、沙头角、王母西乡较为繁盛，然地近香港，营业者竞趋于彼。境内物产，滨海渔业莫不以香港为市场。地方实业不兴，物价腾踊，小民生计殊感困难，根本之图，当以振兴农工为至要。

观乎英人之治香港、九龙。窃慨乎宝安之地，本大有可为，而前清弃置之，一割再割之为失策矣。香港，本荒岛，割让于英，虽悔曷追，毋庸深议。九龙一地，枕山抱海，与港一衣带水耳。前清田赋所入，岁不过千余金。自隶英后，平治其道路，经理其疆土，轮轨交通，市廛辐辏。今即以地税言，闻岁收已达二十余万元矣。等是土地，今昔悬殊若此，虽曰气运，岂非人事哉？一邑精华已落人手，补救之道，亦惟修其内政，观摩则效，使人民知识日增，学术日进，从事于实业商务，以期竞争于将来而已。

1953 年，宝安县人民政府考虑到深圳墟连接广九铁路，交通便利，便决定将宝安县城从南头搬到深圳墟。12 月，县委和县政府机关从南头迁往深圳墟，深圳墟从此成为宝安县政治中心。

1979 年 3 月，中央和广东省决定把宝安县改为深圳市，受广东省和惠阳地区双重领导。11 月，中共广东省委决定，将深圳市改为地区一级的省辖市。1980 年 8 月，全国人大常委会批准在深圳设置经济特区，划出靠近香港新界的地段深圳镇、附城公社等 327.5 平方公里土地，建立深圳经济特区，同时恢复宝安县建制。1981 年 3 月，深圳市升格为副省级市。1988 年 11 月，国务院批准深圳市为国家社会与经济发展计划单列市，并赋予其相当于省一级的经济管理权限。1992 年 2 月，全国人大常委会授予深圳市人民代表大会及其常委会、市政府制定地方法律和法规的权力。

第二节

宝安区

参里

参里位于深圳市宝安区沙井街道衙边社区沙井中学附近，是深圳市最早的古地名之一。现已不存。

沙井是深圳最早开发的地方。西晋永嘉五年（311），匈奴攻陷洛阳、掳走怀帝，史称"永嘉之乱"。晋朝统治集团南迁，定都建康（今南京）建立东晋。北方士族陆续迁入岭南，零星家族迁至沙井一带。由于钦赐孝子黄舒的出现，邑人将其比作春秋孝子曾参，这里被赐名为参里。

黄舒，字展公。晋时随其父黄教迁来宝安沙井的一个村子。他心地善良，孝顺父母，只要是父母要求，即使是千里之遥，亦欣然前往。父亲去世时痛不欲生，于坟侧搭建茅庐守孝三年，后其母逝亦然。皇帝下诏，赐黄舒孝子之名，并命名他居住的地方为参里（今沙井街道沙井中学附近），旁边的一座山被称为参里山。黄舒的事迹载入《广州乡贤传》《粤大记》《东莞县志》和《新安县志》等。

参里山麓曾有一座云溪寺。康熙《新安县志》卷之十三《杂志》记载"云溪寺（在县西四十里归德场参里山之麓，今改为万寿寺）"。云溪寺建于北宋天圣四年（1026）。当时云溪寺的庙产很少，香火也不是很旺，庙里的和尚终日靠化缘果腹。景祐四年（1037），云溪寺迁到归德场衙署（旧址在今沙井围头）旁。南宋绍兴十三年（1143），一个叫蒋八姑的妇人发了善心，向云溪寺捐出田亩数顷。一百多年后，东塘的寡妇邓县君毫不犹豫地将自己的田产百亩捐出。靠邓县君的无私捐献，云溪寺的经济条件得到改善，又迁回了参里山。

　　黄舒死后葬在参里山北麓大田村（今属沙井街道步涌社区）。该墓坐南向北，通长 7.3 米，宽 4.8 米，占地面积 35 平方米。墓葬为太师椅形，由青砖砌成的墓堂、祭拜台等组成，正中花岗岩墓碑上刻"晋钦旌孝子始祖考乡贤参里黄公之墓"。

　　南宋末年，理学家陈朝举从珠玑巷南迁东莞，看中这里是黄舒故里，在此定居。这时，参里已改名为涌口里。

　　参里山虽不高，却树木葱郁，云溪寺的晨钟暮鼓更让此山平添几分庄重。山下还有一条河流环绕。青山、绿水、古寺、街市，这一切使这个地方成为远近闻名的胜景。"参山乔木"是清初新安八景之一。

　　古时候，咏参里山的诗词很多，留下来又脍炙人口的是明代新安理学乡贤万家萌人潘楫的《参山怀黄孝子》：

　　乔木阴森景最幽，衣冠晋代美名流。
　　宫离禾黍家何在，碑没苔藓迹尚留。
　　林薄飘萧啼鸟乱，参山岭郁白云浮。
　　递迁今古悲陵谷，千载芳名史册修。

西乡

　　西乡位于深圳市宝安区西乡街道。因位于南头城西面，取名西乡。这里是南头通往东莞、省城的交通要冲。据清康熙年间编纂的《新安县志》记载，西乡村属新安县二都，被编撰者称为"县之右臂也"。

　　西乡被西乡河（此河因流经西乡而得名）分为河东、河西，原名分别为坑边、坑砂。西乡河发源于阳台、大髻婆及大、小茅诸山，至更鼓岭、铁岗合流，凡三十余里，经西乡大王洲注入大铲湾，干流长 16.6 公里，流域面积 74.9 平方公里。西乡码头下游约 2 公里的河段涨潮时可航行 100 吨的船只，上游河床浅窄，沙底。在西乡河的出海口有渡口。据清嘉庆年间编纂的《新安县志》记载："西乡渡，自西乡往东莞石龙渡一只，承饷银四钱。"

西乡墟历史悠久，在清康熙年间编纂的《新安县志》里就有西乡大庙前市的记载。西乡大庙前市就在今天河西主街北帝庙的前面。北帝古庙始建于明万历年间，现代重建。最前端竖有影壁和牌楼，接下来是山门，山门以内为前殿，其后为大殿，再后为后殿及藏经楼等；庙内正厅供奉北帝，侧室供奉八仙和观音娘娘等。每年的农历三月初三，是传说中的北帝诞生之日，乡间都要隆重举行庆祝"北帝诞庆"的庙会活动，举办"北帝巡游"活动，还有木偶戏及杂耍表演等，此习俗流传至今。2014 年列入宝安区非物质文化遗产名录、深圳市非物质文化遗产名录。北帝古庙，人称大庙。清初庙前是热闹的墟市。清代中后期香港开埠后，西乡商业渐趋繁荣——既是谷物等农产品集散地，又是布匹、棉纱、火水（煤油）等洋货的中转站。水客从香港贩运洋货至西乡，再经西乡转运到沙井、松岗、公明及东莞常平等地。

西乡墟的正街原来叫兴隆街，街上有买卖布匹、棉纱、火水（煤油）的店铺。这条路原先是泥路，路面坑洼不平，每到下雨就成了汪洋，人们来往甚至要划船摆渡。120 多年前，为重建西乡墟正街，修建防河堤，郑氏宗亲在郑氏宗祠发起了捐赠活动，当时西乡最大的财主郑姚带头捐赠了大量银两，乡绅们纷纷响应慷慨解囊。雨季来临之前，西乡利用捐资加高了西乡河堤，清理了河里的淤泥，路面铺上石块，整修一新。从此，西乡墟及河边的居民再不受水涝之害。1950年改名为真理正街，后街则被改名为真理后街，均沿用至今。

西乡的巡抚街，因巡抚庙而得名。巡抚庙又称"王大中丞祠"，是清朝康熙年间西乡人民为纪念为民请命的王来任而建，至今已有300年历史。清初，朝廷将东南沿海居民内迁50里，新安县并入东莞县，广东巡抚王来任冒死上书，力陈迁界之害。康熙八年（1669），朝廷下令复界，恢复新安县，并以优惠的招垦政策，吸引大批客家人迁入，推动了深圳地区经济、文化的迅速恢复和发展。王大中丞祠的整个建筑为三开间三进布局，建筑面积408平方米。门柱、过梁等构件用麻石做成，上有石雕门神，檐板雕刻花鸟草木、人物故事，屋脊用灰塑。大门两侧有一副阴刻在红麻石上的对联："巡粤表孤忠，耿耿丹心，奏牍两章留史册；抚民留善政，元元赤子，讴恩万载仰旌常。"

常盛街的范围则是从旧的兴隆街至河西街，取的是"经常繁荣昌盛"之意。

在西乡，原来还有一座进士坊，为浙江丽水知县郑士忠而立。郑士忠，字廷献，西乡人。自幼聪颖过人，周围的邻居都认定他今后可以成就一番事业。郑士忠弱冠之年，娶妻方氏。明成化二十二年（1486）丙午科以《易经》乡试中举，弘治三年（1490）登庚戌科钱福榜第三甲进士，授浙江丽水县知县。为官时质直刚方，对欺压百姓的恶霸乡绅严厉打击，廉正自持，拒绝收受乡人财礼。

西乡原在前海的海边，据《新安县志》记载："马鞍洲，在县西西乡村前海中。"这里历代就有生活在船上的人家，被称为"疍家人"。他们以船为家，随水漂流，被戏称为"水流柴"。明代设西乡社进行管理，隶属东莞县河泊所。明万历元年（1573），拆分县治，属新安县管辖。据《新安县志》记载："如分流湖一海，乃新安诸水潴汇之区，秋杪，邑民采捕黄花鱼，以为完课糊口之需。"

固戍

　　固戍社区位于深圳市宝安区西乡街道北部，铁仔山以西，地形以丘陵为主，东至107国道，南至盐田村，西至珠江口，北至三围村，总面积9.8平方公里。唐至明、清时期均有驻军，卫戍海防，因此村子取名固戍。

　　宋代，在南头设置屯门寨，并在南头西约25公里的地方设立了一个军营——固戍角寨，加上南面海中岛屿潏洲上的望舶巡检司和东南海滨杯渡山的捕盗廨，共同形成了一个珠江口东岸颇具实力且占据地利的防御体系。

　　明洪武七年（1374），诏告天下，始立社学；洪武八年（1375），诏有司立社学，延师以教民子弟；洪武十六年（1383），诏民间兴社学。固戍社学，在固戍村（今宝安区西乡街道办固戍村），是明嘉靖四十五年（1566）由参将汤克宽、东莞知县舒应龙所建。

　　据清康熙年间编纂的《新安县志》记载，固戍村属新安县二都，始建于元末明初，距今已有600多年的历史。固戍村的村民主要于明末清初迁入，以姜姓居多。中华人民共和国成立之初，固戍村属黄田联乡、固黄乡，1951年置固戍乡；1958年3月撤区并乡，固戍划归西乡管辖；同年10月建立固戍大队，属西乡公社；1983年7月，固戍大队与南昌大队合并为固戍乡，1985年4月后改为固戍管

理区，隶新安镇；1986 年改为固戍村，1994 年改隶西乡镇。2004 年深圳农村城市化改革，镇改街道，村改社区，固戍村属宝安区西乡街道固戍社区。

很久之前，固戍这里是天然的优良捕鱼场，后来，有了码头商业，人们纷纷到岸边来购买海产品，逐渐形成了一个小的村落，但人丁一直兴旺不起来。有个叫姜其锡的孤儿，母亲因生他难产而死，他 2 岁时父亲去打鱼碰到台风落海而亡，靠乡亲接济为生。7 岁时，村里来了一个精通风水的云游和尚，姜其锡师从这位和尚四处云游。待他 70 岁回到固戍时村里依然人烟稀少。他发现固戍的地形是一个牛头形，牛头经常甩动，住在牛头上的人便留不住，需在牛头中间打一根桩，将牛头系住。姜其锡的"柱子"就是在牛头中间建造的文昌阁。固戍村自此发展成

相传在很久以前，固戍村里来了一个精通风水的云游和尚，7 岁的姜其锡师从这位和尚四处云游。待他 70 岁回到固戍时村里依然人烟稀少。他发现固戍的地形是一个牛头形，因为牛头会经常甩动，住在牛头上的人便留不住，需在牛头中间打一根桩，将牛头系住。姜其锡的"柱子"就是在牛头中间建造的文昌阁。

六百户人家的大村。这件事感动了天帝，有位仙人手持"文笔"书写"联登凤阁""更上一层""会极"三条横幅，刻在文昌阁的一、二、三层的石门额上。文昌阁又名镇海文阁，共 3 层，阁身方形，边长 4.2 米，高约 12 米。基座由花岗岩条石砌筑，阁身青砖垒砌。阁内有楼板和门洞，可登临观海。在清乾隆之前，文昌阁便已建成。清同治十二年（1873）、清光绪二十五年（1899）、民国二十三年（1934）均曾重修，现保存完好。文昌阁现为深圳市文物保护单位。

固戍的清代码头旧址位于固戍村沙湾，是 2006 年 4 月全区组织文物普查时发现的。古码头现有店铺 20 多家，炮楼 1 座。现存店铺等房屋，最早为清代中晚期建造，大多为清末民国时期建造。房屋布局前为门面店铺、中间为住房和洽商之处，后部为放置货物和餐饮之处。房屋建筑有两种，一种为青砖结构，另一种为钢筋混凝土结构。房屋大多为二层，建筑材料结构为墙体、立柱楼梯的是早期钢筋混凝土结构，房顶为灰瓦盖顶。该码头主要是进行鱼批发的市场码头，据当地老人介绍，该码头自清朝初年就有了，至清朝末年民国时期最为繁荣。"财记鱼栏"这一家店铺就拥有渔船 500 多艘，每天往来香港、澳门和固戍码头之间，除批发销售渔民所捕捞的海鲜之外，还往来海运大宗百货商品及当地土特产品。

明鳌湾墩遗址位于固戍与西乡之间一个伸出海面的小山尖上，山高近 100 米，明洪武年间建，可瞭望海面情况。20 世纪 50 年代，其上部被改建成碉堡。

福永（伏涌）

福永位于深圳市宝安区福永街道。原来不叫福永，而是叫伏涌。这里古代有一条河叫三合水河，据清嘉庆《新安县志》记载："三合水河在县城西北，源有三派，其右自大髻婆，中自阳台，左自牛膆，至岭下合而为一，同归西乡河，入海。"来自大髻婆山、阳台山、牛膆山三个方向的水汇聚到岭下村（今凤凰社区），绕过茅山余脉翠岗山、尖岗山，向南流入西乡河。福永主要的古村落三姓堂（今福永社区，即陈屋、梁屋、庄屋）、怀德村、白石下村、岭下村依次坐落在河流北岸石龙头山、白松山高地上。因为这条河涌的落差太大，雨季时常常洪水泛滥，人们的愿望就是要降伏它，所以称这个地方叫伏涌。

明清时期，地处海边的伏涌也是产盐的地方，属归德场盐课司管辖，是该盐场的十六盐社之一，叫伏涌社。这里也聚集不少疍家人，明万历元年（1573），为了管理疍民，增加税收，新安县在沿海地区设立鱼社，今天西乡一带叫西乡社，松岗一带叫碧头社，沙井一带叫归德社，福永一带就叫伏涌社。

三合水和茅山将宝安珠江入海口东岸沿海地区分成两个部分，南部是西乡，北部人们习惯称为西部。伏涌就在交汇点上，南头去往东莞的官道必须通过这里，因此，地理位置十分重要。明代洪武三十年（1397），将"屯门固戍寨"从固戍迁到北10里的地方，也就是今天的福永老街，改称为福永巡检司。福永这个名字应该就是从"伏涌"误读而来的。用"涌"字做地名在河网密布的珠江三角洲平原是较为普遍的情况，本地人把河汉叫作河涌。清初著名学者屈大均在《广东新语》中谈到广州的土语时就特别指出："谓港曰涌，涌，冲也，音冲。"而外地人一般都以为是"涌现"的涌，读作"永"。也许正是北方官员的误读才成就了福永的美名。

明初在关津要地设置巡检司，目的是稽查无路引外出之人，缉拿奸细、截获脱逃军人及囚犯，打击走私，维护正常的商旅往来等。路引就是后来的证明信，主要注明身份、外出事由和目的地，没有路引是不能私自离村外出游逛的，可见当时对基层社会的控制到了何等严格的程度。巡检司属地方州县领导部门，具有武装性质，并无正规的军队，巡检的品级只有从九品，所统领的不过是从当地农民中检点的弓兵。洪武三十年（1397），福永巡检司设有巡检一名，司吏一名，弓兵五十名。福永巡检司的衙门很小，屋宇只有两座。在衙门的东边有一座石桥，叫福涌桥，长石六架。另外，还设有伏涌墩，有瞭守旗军五人。万历三年（1575），福永巡检司有弓兵十二名，打手十三名。清朝，福永巡检司设巡检一员，司吏一名，弓兵两名，管辖松岗、沙井、福永、公明、石岩一带的村庄。清康熙三年（1664），因为迁界，福永巡检司衙门被拆毁。康熙十年（1671），巡检薛震修复巡检司衙门。

福永巡检司的旧址就在福永墟东。福永墟北有福恩堂、斋堂、元侯庙、康元帅庙等建筑。正街的街尾是福永码头，码头前有观音庙和关帝庙。

凤凰（岭下）

凤凰村位于深圳市宝安区福永街道。凤凰村原叫岭下村。村的东面是绵延的大茅山山脉，在飞云岭南侧的山腰上，有一些巨大的石头堆在一起，中间空如堂室，传说是远古时候凤凰栖息的地方，这就是有名的凤凰岩。

凤凰岩三面环山，一面临海。凤岩古庙在凤凰岩的右边空地上，后背云顶鳌峰，前拥龙穴，祥气氤氲，芳林郁郁，龙盘虎踞。它的左边有烟楼晚望、鸡心修竹、石乳清湖；右边有莺石点头、净瓶洒露、长寿仙井；前可聆听松径风琴之韵律，后可览云顶参天之奇观。这凤岩八大奇景像众星捧月，紧紧地环绕在古庙周围。山岩上刻满历代文人墨客的诗词。

就在凤凰岩的旁边，还有一座古色古香的寺庙，始建于元代大德年间（1297—1307），据说是文应麟修建的，迄今已有700多年的历史。文应麟是文天祥弟弟文天璧的长孙。南宋祥兴元年（1278），时任惠州知府的文天璧在惠州遇到来势汹汹之强大元军，南宋大势已去之时开城投降，避免了惠州的屠城之灾，也保全文氏一族的血脉。文应麟因不满文天璧降元的行为，从惠州迁来，隐居在此山下，从此就没有进过县城，誓不与当时的官府来往。他曾在大茅山巅建了一座望烟楼，每当做饭的时刻，他便登楼眺望，察看岭下村里的烟火，要是见到谁家的烟囱没有冒烟，便立即派人背着粮食去救济。有一次，文应麟在往回走的时候，经过凤凰岩，看到这里地势奇特，山岭峻秀，奇石多姿，便打算在这里建一座庙来纪念伯祖父文天祥。为了掩人耳目，他对外人说观音托梦叫他在凤凰岩

建一座观音庙，于是便筹资修建了这座庙，明里是供奉观音菩萨，暗地里则是纪念文天祥。

儿子长大了，应该成家立业了，文应麟决定分家，长子文起东留在老村，因正对飞云岭，就叫岭下村。次子文起南分到村西膏腴的田地，开村立业，因正对茅山的白石，取名白石下村，后人写作白石厦。

沙井

沙井位于深圳市宝安区沙井街道，历来是深圳西部重镇，是深港最早开发的地方。远古时代的沙井，还是一片海湾。海水拍打着望天山的山脚，岸边生长着耐寒的红树林，郁郁葱葱，是白鹭等候鸟的栖息地。大约 2500 年之前，沙井逐渐由海

沙井是著名的蚝乡，从北宋开始插杆养蚝，是世界上人工养蚝最早的地区。沙井的蚝田分布于深圳西部的滩涂。

变成陆地，沙洲不断形成，向大海推进，昔日的海岛成为平原上的残丘。茅洲河在这个延展的平原上蜿蜒西流穿过昔日海岛，经东宝河注入伶仃洋交椅湾。

"自永嘉之际，中州人士避地岭表"，开始有零星的北方士族陆续迁入。他们相对集中，定居在那些与陆地相连的小岛上（今沙井中学一带），开荒种地，捕鱼捞虾，过着十分艰苦的生活。北宋时在沙井设立归德盐栅，后升为归德盐场。归德盐场盐课司衙门就在沙三社区，大约在明末清初，盐课司衙门搬到臣上村，官府将旧址买给沙井陈氏，百姓在上面建围立屋，被人称为围头。在清康熙年间编纂的《新安县志》里，沙井还叫归德场，属三都恩德乡。

沙井村的名字出现在清嘉庆年间编纂的《新安县志》里，属福永司管属村庄。据说现在的沙井大街就是古时候的海边，从沙头村到大王庙是一个沙滩，沙井就处在沙滩的尽头，有沙头就应该有沙尾，大概是嫌名字有一些不雅，"井"谐音"尽"，取名"沙井"，未尝不好。围头有一口官式水井，应该是归德盐场盐课司衙门的官井。沙井地下的土壤属于滨海沙土，井里有许多沙，井水格外甘甜。于是人们就把这里称为"沙井"。

离围头水井不远的地方，还矗立着一座龙津石塔，它是南宋盐官周穆修建来镇水的，因为塔上有干支纪年的铭文，而且记录在古代的地方志里，是深圳至今可知年代最为古老的地上建筑物，现为广东省文物保护单位。

沙井是著名的蚝乡，从北宋开始插杆养蚝，是世界上人工养蚝最早的地区。沙井的蚝田分布于深圳西部的滩涂，从东莞的虎门口至宝安南头的大南山，长36公里，最宽约3公里，总面积约61.33平方千米，其中荫林草坦约10.67平方千米，泥坦50.67平方千米（包括深圳湾坦、东莞沙田、虎门零星坦地），该坦东面为丘陵地带，地势向西倾斜，中间的虎门水沥，又与横门洪奇沥、蕉门相垂直，东面无大河流出口，虎门水很难流经内坦，所以形成大面积的静水区，在坦地沿岸堆积。据调查，光是1956—1963年就共伸展500～700米，平均每年伸展70～100米，淤高6～10厘米，退潮后全部坦露，沿岸草坦一般已比原田面高出10～17厘米。这些坦地滩涂就是养殖深圳著名特产沙井蚝的蚝田。

在蚝的养殖过程中，不同海域的水质对蚝生长有不同的影响。黄田附近是沙井蚝的采苗区，南面后海、前海、小铲一带是蚝的生长区，而沙井的交椅湾是蚝的育肥区。每年五六月间蚝民开船到采苗区把瓦片、石块或水泥柱、水泥瓦等类附着器投入海中，让蚝苗附着其上。然后将附生着蚝种的附着器搬运到生长区去养殖。日常的管理就是捯蚝，把附生着蚝种的附着器，移动其位置，以防止其下沉或被浮泥覆盖，每年要捯两次以上。在种蚝之后第三年的八九月间，蚝种长至十余厘米，则搬回沙井蚝塘育肥。冬至前后到次年三月，把蚝捞起，开壳取肉，或上市或加工。沙井的蚝不但个体肥大，而且肉质细嫩鲜，被誉为蚝中珍品。沙井也因"沙井蚝"而闻名。

中华人民共和国成立后，沙井蚝业得到了前所未有的发展。1957年，沙井蚝业合作社被评为"全国模范合作社"，还获得了周恩来总理亲笔签名的国务院奖状。1965年7月，"在前进中的沙井蚝业大队"作为代表走进北京农展馆，沙井蚝业大队成为全国养蚝业的一面旗帜。沙井蚝通过广州、香港远销国内外，成为享誉全国的深圳特产。

归德

归德，是一处历史地名，今已消失，大致范围包括今天的新桥、后亭、步涌、沙井、辛养、东塘、沙头、大王山、塘尾、桥头、福永等社区。早在北宋时代，这里就开设了归德盐栅。北宋王存所撰的《元丰九域志》中："东莞县有静康、大宁、东莞三盐场，海南、黄田、归德三盐栅。"这就是说在北宋元丰年间（1078—1085）就有"归德盐栅"。北宋中期以后，由于对盐的需求增加，盐价飙升，盐产量也大增，归德盐栅因此扩张为归德盐场。南宋时，广东有十三大盐场，《宋史·食货志》载："广州东莞、靖康等十三场，岁鬻二万四千余石，以给本路及西路之昭桂州，江南之安南军。"

明初，归德盐场管辖十三社，后增设三社，共计十六社：新桥、大步涌、冈头、涌口、附场、大田、信堡、后亭、涌头、仁堡、义堡、礼堡、智堡、鼎堡、永新、伏涌。当时，盐民所产之盐，出海有禁，另有商贩怕哨守盘查而不敢来，哨守官兵更是以巡缉为名，勒索盐民，而导致海盐堆积卖不出去。盐民的生活贫苦不堪，新安县第八任知县喻烛，明万历二十一年（1593）经考察民情，大力革除灶盐之害，准许盐民自煎盐斤，在归德盐场告领照票，运至茅洲内港埠头，与水客交易，哨守官兵凭票放行。虽有贤明的知县为盐民革除弊端，或者有官方优恤盐民，盐民仍然逃脱不了贫困潦倒的命运。

清康熙元年（1662）三月，清廷勒令迁界，归德盐场也在迁界之列。迁界整整七年,到了清康熙八年(1669)一月,方才准予复界,流浪的百姓才开始陆续迁回来。盐田荒芜了,迁回来的灶丁也很少,归德盐场盐课司的衙署也倾圮了,新任的盐官大使赵锡翰干脆将衙署搬走,沙井的盐业从此走向衰落。清代乾隆五十四年(1789)实行改埠为纲,将盐田池漏拆毁,灌水养淡改作稻田。

新桥

新桥位于深圳市宝安区新桥街道。新桥村在清康熙年间编纂的《新安县志》里就有记载,属三都恩德乡。

古时候的新桥村,茅洲河在村西入海,村民出行多用船,架桥铺路就成了新桥村民祖祖辈辈的奢望。清代康熙年间(1662—1722),监生曾桥川在村头建了一座桥,方便乡亲们出行。这事十分轰动,村子因而得名。这桥后来坍塌了,也不知道他建的是石头桥还是木头桥。

清乾隆五十年(1785),武生曾大雄,钦赐翰林曾联魁,贡生曾腾光和曾应中等,商量要为家乡做好事,想到村口那座坍塌已久的桥,于是决定重建,取名永兴桥。

永兴桥是一座典型的石拱桥,桥长足足有五十米,三孔桥洞,有五米的高度,想来是能过装满茅草的木船的。桥身全用花岗岩的条石砌成,朴实大方,只在桥头的望柱上雕刻了小石狮。如果细心观察的话,还会发现在桥面正中间的栏板上浅浅地刻有龙和凤的图案。永兴桥是深圳市现存唯一一座石拱桥,桥身结构坚固,造型美观,具有极高的桥梁工程技术和欣赏价值,是深圳市文物保护单位。

▼

永兴桥是一座典型的石拱桥，桥长足足有五十米，三孔桥洞，有五米的高度，想来是能过装满茅草的木船的。桥身全用花岗岩的条石砌成，朴实大方，只在桥头的望柱上雕刻了小石狮。如果细心观察的话，还会发现在桥面正中间的栏板上浅浅地刻有龙和凤的图案。

新桥地处交通要冲，东接黄松岗、乌石岩诸路，西连云林、茅洲诸墟，往来行人如织，船只如梭，桥头设有码头供船只停靠。桥东原有一个墟市，由新桥村曾氏家族创建，叫清平墟。石桥往新桥村的通道两边陆续修建起两层的店铺，形成繁华的街市，叫清平街。

新桥往南是万家蓢墟、凤凰街，往西是云林墟、沙井墟，往北是黄松岗义和墟，这些墟市共同构成宝安西部经济贸易的网络。由于地处河海交汇之地，清平墟成为古时松岗、石岩、沙井等地的物资集散地。抗日战争爆发后，日军占领新桥，清平墟开始衰落，现在桥头村仍保存一间旧日当铺。

桥东原有一座五层高的文塔，与永兴桥交相辉映，颇为壮观。可惜20世纪60年代因取砖建糖厂而被拆毁。

新桥现存的古建筑群以曾氏大宗祠为核心。曾氏大宗祠位于大宗祠路，始建于清乾隆年间（1736—1795），清嘉庆三年（1798）扩建。曾氏大宗祠旁边还有观音天后庙、古乔曾公祠、贯传公家祠、翠松公家祠、维鲁公家祠、藩北曾公祠、延光公家祠、曾氏宗祠、益孙曾公祠等古建筑。

万丰村（万家蓢）

万丰村位于深圳市宝安区新桥街道。万丰村的老地名是万家蓢，现在万丰老村还有一条叫万家蓢的街道。

万家蓢最早叫疍家蓢。这里原是一片港湾，海水直达大钟山（今万丰大边山）的山脚下，是天然的避风港，很多祖籍为阳江、番禺、顺德、南海等地的疍民到此躲避台风，这里逐渐成了疍家人的聚居场所，人们称它为疍家茛。疍家不被陆地的居民所接受，白天可以上岸出售鱼虾，晚上是要回到船上睡觉的。由于许多疍民到岸上固定的场地出售鱼虾，这些场所便一时间成了远近闻名的海鲜市场，叫疍家茛墟。

元代，从南方元朗的屏山来的一支邓姓的人家看中了这个风水宝地，迁到这里定居，疍家茛就变成邓家茛。

据《宝安怀德潘氏族谱》记载，元末潘礼智迁邓家茛，开基创业，惜无子，过继潘礼敬次子潘义察为嗣。当时村中邓姓、潘姓、叶姓、廖姓、莫姓、郑姓杂居，且常有姓氏之争。明代万历年间，潘甲第改邓家茛为万家茛，意为祝愿潘氏后代兴旺发达，子孙越来越多。后来，邓家的子孙迁到福永塘尾，其他姓氏也陆续迁往他处，万家茛成了只有潘姓的单姓村。1954 年，潘植增、潘九根与陈树洪等人共同协商，将万家茛村改名"万丰村"，取年年丰收、永世兴旺发达之意。

万丰村是宝安工业起步较早的地方，1984 年成功将全村两家最大的集体企业——实用五金厂、彩星玩具厂改制为股份制公司，形成全村入股、村民是股东、共担风险、共享分红的"共有制"，开我国农村股份合作经济之先河，奠定了共同富裕的公有制理论基础。

第三节

龙岗区

龙岗

龙岗位于深圳市龙岗区龙岗街道。

据《宝安沙井陈氏族谱》记载，南宋陈朝举有三子，老大陈康道后裔迁居燕川，三子陈康运后裔卜居沙井，老二陈康适为盐使司，迁居惠州归善县荷坳上淮贺村。荷坳陈氏主要从事农业生产，其仙溪支派最早在村后的上墟垄创建墟市。相传古代有一条龙从梧桐山腾起，降落在垄上，化为青烟，百姓在此筑大王坛，以为祭祀。因而取名龙岗墟。清康熙、乾隆年间，从梅县、兴宁、五华等地，迁了一些客家移民来龙岗定居，他们创立墟市，也取名为龙岗墟，原来的龙岗旧墟被人们称为上墟。

龙岗河是淡水河的上游，原叫上下淮水。据《归善县志》卷之三《山川》记载："上下淮水在城西九十里，源自梧桐山，东流至鼓角山，北旋至官桥，合于西江。"因流经龙岗墟，后改称龙岗河。

明清时期，龙岗区地域，分别属于归善县和新安县管辖。具体说来，今横岗、龙岗、坪地、坪山和坑梓镇范围属归善县，先归上下淮都管理，后属碧甲巡检司（驻淡水）管理。据《惠州府志》记载，上下淮社有何村、黄洞、东角、丹竹洋、三峰、下蚌、上蚌、蒋田、下将田、橡峒、沙澳、虎调、郁头等村落。今布吉、平湖、葵涌、大鹏、南澳镇范围属新安县，其中布吉、平湖先归七都，后属官富巡检司（驻赤尾村）管理；葵涌、大鹏、南澳先归七都，后属县丞管理。

清同治九年（1870），归善县设龙岗约堡，属碧甲巡检司（驻淡水）管理。龙岗约堡下辖8个村：荷坳、龙岗、坪山、坪地、橡洞、土湖、亲睦、塘尾。龙岗墟和坪山墟之间有大道往来。

　　1993年1月1日正式建立深圳市龙岗区，辖平湖、布吉、横岗、龙岗、坪山、坪地、坑梓、葵涌、大鹏、南澳10镇。除平湖镇是客家人与广府人杂居的地区外，其余9个镇都是客家人聚居的地方。

布吉

　　布吉位于深圳市龙岗区布吉街道。1911年，广九铁路建成通车，火车从省城广州的大沙头开来，经深圳罗湖桥到香港九龙。广九铁路在宝安县丰和墟上设了一个小站，命名为布吉站。

　　布吉是从"布隔"谐音而来，大概是希望吉祥遍布吧。

　　车站的西边有一个古村落，叫莆隔村，因建在莆隔山下而得名。莆是一种传说中的瑞草。《说文解字》："莆，蓲莆也。"据说只有王者有盛德，此草乃生。而隔的本义是阻隔、遮断的意思，《说文解字》：隔，障也。将山取名为莆隔，大概是希望天下太平，这里也长出蓲莆，能保障大家丰衣足食。

　　据清嘉庆年间编纂的《新安县志》记载，莆隔原来是明朝洪武初年（1368）设立的屯田，属东莞千户守御所管辖，朱元璋命令卫所军士以三分守城，七分留在卫所。屯军食粮在屯，军无粮定制。按照规定，每屯计田二十二顷四十亩。屯军获得的粮食，除了供应本所军士食用，还要向官府交纳谷物。

　　莆隔地处通往惠州的交通要道上，在莆隔村左方有一条莆隔径，通平湖路。为了灌溉稻田，屯田的军士开挖了水渠——军陂，在深圳右侧，发源于梧桐、莆隔、笋岗等处。这条军陂就是布吉河，为深圳河的上游。

清雍正三年（1725），东莞千户守御所奉文裁汰，雍正四年（1726）东莞所的屯田也归并新安县管理。到了乾隆三十六年（1771），裁并东莞所屯丁四十六丁。屯军解散，所有屯田尽系转佃民间。随田腴瘦纳租，不拘则例。在清嘉庆年间编纂的《新安县志》里，莆隔已是官富司管属的一个客籍村庄。

1846 年，瑞士基督教巴色会派韩山明、黎力基来华传福音，11 月出发，1847 年 3 月 19 日抵达香港；1848 年，到沙头角传福音，并为病人医病，随后，将基督福音带到布吉这个小镇，租屋开设布道所，但屡遭村民拒绝。1852 年迁至李朗村，向在这里居住的客家人传道。他们不仅为这里的人们带来了《圣经》，还带来了外国的语言和科学知识。1852 年，韩山明为凌振高、凌启莲洗礼；次年，韩山明收留逃亡至香港的洪仁玕，并在布吉为其洗礼。1853 年巴色会在李朗村购地建造教堂，工程于 1854 年开工，次年初竣工，并于 1855 年 3 月 11 日举行落成典礼。1855 年，巴色会在李朗创立崇真书院，后改称传道书院，培养传道人才。

丰和墟始建于清朝咸丰二年（1852），在莆隔村南边，后来成为周边农村商品、农贸产品的集散地。祈望商品丰富，生意和气，大概是建墟的人的愿望吧。然而，丰和墟这个名字也太文气了，人们更愿意叫它布吉老墟。1901 年，巴色会在布吉老墟村又建了一座新教堂。因此，布吉教会便有了两个教堂：李朗福音堂和老墟教堂。

广九铁路开通后，布吉老墟的商铺纷纷搬迁到布吉火车站附近，形成一个新墟。由此，布吉迎来了一段繁华时期。商品、农贸产品在这里汇集，使其成为当时仅次于深圳墟的墟市。

1949 年后，人民政府在布吉站所在地附近设立布吉镇，除了有段时间改为布吉公社、布吉区之外，布吉镇的建制沿用了很长时间，直到 2004 年改制为布吉街道办。2006 年，布吉街道分为布吉、坂田、南湾（由南岭和沙湾组成）3 个街道办事处。

布吉车站是广深铁路区间的一个四等中间站，有站房 100 余平方米，仅供普快、慢车停靠，运输量很小，设施极为简陋。2012 年 12 月，布吉火车站完工并投入使用。如今，布吉站改称深圳东站，成为深圳地区第三大铁路客运枢纽，是深圳的普通长途列车的终点站和始发站。

坂田

坂田位于深圳市龙岗区坂田街道，辖区范围东至清平路，南至平南铁路、区规划三号路，西至五和大道，北至贝尔路，地理位置十分优越。辖区面积 3.75 平方公里。坂田曾称"泮田"，后改为"坂田"。坂田名字的由来与其地形不无关系。

坂田位于两水交汇之处，重重山峦紧

1853 年巴色会在李朗村购地建造教堂，工程于
1854 年开工，次年初竣工，并于 1855 年 3 月 11 日
举行落成典礼。1855 年，巴色会在李朗创立崇真
书院，后改称传道书院，培养传道人才。

锁。观其上势，山形如天马行空，猛虎下山；观其下势，如飞凤落阳，造就了一马平川、良田千顷。坂田指地势较高的水田。昔时村民大多居住在农田上，周边都是一块一块的水田，客家有"一坂田，一坂田"的说法，按照地势形状，后来人们就把这块迁徙地叫坂田。

坂田村先祖从东莞凤岗一带迁徙到坂田已有380多年的历史，最早到达的一批村民姓苏，其次才是张姓村民，东村有一棵大的橄榄树，以树为界线分为上坂田、下坂田。

坂田的原住居民聚居了张、苏、叶、梁、温、陈等六大姓氏。坂田居民小组内至今还有3个祠堂保存完好，其中2个是张姓祠堂，1个是叶姓祠堂。张氏为坂田最大的姓氏。

坂田张氏祠堂位于坂雪岗大道旁，张氏祖祠始建年代不详，为成琏公第五子八延公所建。祠堂年久失修，只余一隅，周边被村民占地建房。后在张氏族人的努力下，新的张氏祖祠于2005年落成。走进张氏祖祠，祠堂大门上的"青钱世德，金鉴家声"8个大字赫然映入眼帘，大门上方苍劲有力地写着"张氏祖祠"4个大字，大门上还盘旋着两条栩栩如生的龙。祖祠内的正堂——青钱堂，堂内供奉着张氏先祖的牌位，两旁挂着一副对联："发迹上村至宝安，原从长乐归三省"，反映着坂田张氏一族不断奔波迁徙的历史。

叶氏宗祠位于坂田下围西一巷8号，宗祠门前的对联是"南阳世泽，西楚家声"8个大字。叶氏宗祠是坂田叶氏第九代后人叶生修建的祠堂，由于历史原因，宗祠几经搬迁，在抗日战争时期和"文革"时期曾被拆除，后经多次修缮，虽然只有几平方米，却见证着一个家族的传承与兴旺，是叶氏家族的精神标杆。叶氏族人当年从河南辗转迁居到福建，再到梅州，清康熙年间迁入坂田，迄今已有370多年的历史。

在老屋右侧高高耸立着一座"古老废墟"——就昌楼。1926年，坂田张氏后人、南洋华侨张就恭在此修建了就昌楼，其后全家移民马来西亚。就昌楼由炮楼和一栋二层楼联体而成，炮楼高12米，建筑面积1000多平方米。

抗日战争期间，就昌楼是坂田抗日游击队的据点，游击队经常在这里联络碰头和召开会议。1941年，日军把坂田全村30多户房子全烧光了，就昌楼一楼的3间瓦房也过了火，炮楼却因为十分坚固而没有遭到更大的破坏。站在就昌楼面前，依稀可见当年留下的枪眼和炮痕。在坂田，目前保存有包括就昌楼在内的4个炮楼，都被列为不可移动文物，它们像一个个"活化石"记录了坂田的变迁。

平湖

平湖在深圳市龙岗区平湖街道，是龙岗广府文化最集中的区域。在清康熙年间编纂的《新安县志》里就有关于平湖墟的记载。这里有许多老围村，其中建围最早，也最有名的伍屋围村、大围村、松柏围村，建村于明朝中晚期，至今已有五六百年历史。古时候，平湖这一带地势比较平坦，既无江河也无湖泊，十分缺水。而伍屋围村地形像一只螃蟹，大围村地形像一只蚌，松柏围村地形像一只虾，须有湖泊才能成活。取名为平湖，表达了人们对美好生活的向往。

1907年，广九铁路开建，按照原定施工计划铁路穿越平湖而过，平湖并不设车站。时任香港华商总会主席的刘铸伯向香港总督

卢吉男爵力争，使广九铁路得以在其家乡平湖设立了火车站。

1910年，刘铸伯回到平湖，计划在平湖重新建设一座街道井然、商铺林立，工厂、学校、医院相配套的新城镇。后在新墟市开办一间装机50多台的织布厂，并招收附近青年乡民当工人。同时，建造清奇坑花园式"守真园"别墅，修筑平湖火车站至"守真园"约2公里公路。1916年，为了纪念先后去世的母亲伍氏和夫人潘氏，分别在平湖墟建造纪劬劳

学校内有二层瓦面大屋的教学楼一座，后面是瓦面平房。校园内另有厨房、运动场地等设施，周围砌有围墙。学校大门朝西北，门额上有两块麻石横匾。下匾内刻有"纪劬劳学校。丙辰仲春铸伯氏立"。上匾内刻有"急公好义。大总统题褒绅士刘铸伯，中华民国四年十月"。

学校和念妇贤医院，"纪劬劳"有念慈母之意，"念妇贤"存怀贤妻之心。

平湖是广九铁路线上的重要车站，1925 年 2 月，周恩来率部参加国民革命军第一次东征时路过此地，并向群众发表讲话，阐述讨伐军阀陈炯明的意义。抗日战争时期，东纵飞鹰队联合山厦的 30 多人的抗日武装常备队，摧毁了日军通过广九铁路连接粤汉、平汉、北宁线构成"大陆交通线"的企图。

1949 年中华人民共和国成立后，原辖属东莞的鹅公岭、山厦和新南的部分自然村划归宝安县管辖。1986 年 10 月设立平湖镇。1993 年年初，宝安县撤县建区，平湖镇属龙岗区管辖。

荷坳

荷坳位于深圳市龙岗区园山街道，古名上淮贺村，龙岗河是淡水河的上游，淡水河古称淮水，龙岗河就称为上淮或上淮水，村名因水而得。又因两水合夹，又名之为河村、河凹、何村。

据《荷坳厚德堂陈氏族谱》记载，荷坳属广府地，是龙岗地区最早的古村落之一。荷坳的立村之祖是陈朝举次子陈康适，宋朝时从宝安沙井迁来。陈康适历任宋盐场官，政绩显赫，一生忠奉朝政，力行敬业。荷坳陈氏后裔分布于仙人岭、车村、蒲芦围、拔魁围（白灰围）、黄阁坑、沙塘围、麻地头（麻地村）、积谷田、狗仔坎等地。荷坳陈氏也主要从事农业生产，和其他姓氏的家族合伙创建横岗墟（今横岗街道），其仙溪支派还创建了龙岗墟（今龙岗街道）。只是到了清乾隆年间，客家移民大量涌入龙岗，建围定居，创立墟市，也取名为龙岗墟，原来的龙岗旧墟被人们称为上墟。

清同治九年（1870）归善县设龙岗约堡，下辖荷坳、龙岗、坪山、坪地、橡洞、土湖、亲睦、塘尾8个村。1958年11月，荷坳大队所属的龙岗人民公社划入宝安县管理。

荷坳被人们熟知还是因为1999年5月机荷高速公路通车。机荷高速公路东连深汕高速公路、惠盐高速公路和205国道，中部与梅观高速公路互通，西端与广深珠高速公路和107国道相接，将广佛高速公路、佛开高速公路、广深珠高速公路、107国道、深汕高速公路、惠盐高速公路和205国道连成一体，形成一条在汕头、惠州地区与广州、深圳、东莞和香港地区之间的交通大动脉。

柑坑

柑坑位于深圳市龙岗区布吉街道。据清康熙年间编纂的《新安县志》记载："柑坑山，在七都，周匝四十余里，猺人居之，多产赤竹。"该志只有柑坑山的描述，还没有柑坑村的记载。

清雍正年间编纂的《广东通志》记载："柑杭山，在县东北四十里，高百丈，延亘四十里，多产赤竹，猺人居之，与太平嶂夹水并行，项背相望。"该志把柑坑山误写为柑杭山。

清嘉庆年间编纂的《新安县志》记载："柑坑山，在七都，周匝四十里，昔猺人居之，多产赤竹。"该志不仅记载了柑坑山，还说这里过去是猺人居住的地方，柑坑村是官富司管属的一个客籍村庄。由此可知，柑坑是因山而得名。

柑坑村后改为甘坑村。甘坑以凉帽而出名，该村村民利用本村凉帽山的箪竹编织凉帽，有破篾、咬篾、编织、扫桐油、钉帽帘等33道工序。鼎盛时期是20世纪60年代，家家户户织，男女老少做，全村每月织出4500多顶，其中一半由中国工艺品进出口公司将凉帽销往港澳、东南亚地区和英美加等国家，受到华侨华人的欢迎。现在是广东省级非物质文化遗产保护项目。

2012年开始，结合当地良好的生态环境，甘坑村被打造成为全市唯一的集深圳本土客家乡土饮食、传统民居生活、蔬菜种植、土特产展示、乡土文化休闲、观光旅游等功能为一体的传统民俗文化体验基地。为此，甘坑村自筹资金1.5亿元，改造原有老屋150栋，把原有的25000平方米破旧厂房改造成庭院式餐饮区，开展手工磨豆腐、手工做肉丸、手工榨花生油、手工制糕点等乡土生活体验活动；把部分老屋打造成庭院式民居生活体验区；把原有的农田改造成蔬菜种植体验区，将生态农业与旅游融为一体，在传统农业中注入观、品、赏、习、书画、摄影、购物等城市生活的要素，在这里，市民可在菜地采摘蔬菜，可在池塘垂钓，并亲自下厨烧烤烹制食物，体验享受慢生活的农耕之乐。

新建成的甘坑客家小镇总面积230.96公顷，主要由客家小镇和生态公园两大板块组成，共分为文化休闲区、特色产业区、农耕体验区、湿地科普区、农业观光区、山地运动区六大功能区。

第四节

南山区

南头

南头位于深圳市南山区南头街道，历来是深港地区的政治中心。早在东晋咸和六年（331）设宝安县时，这里就为东官郡治。唐开元二十四年（736）正月，设屯门镇，负责整个广东海岸线的防卫，兼负缉捕盗贼之责，保护海上贸易，隶属于安南都护府，治所在今南头城。明洪武二十七年（1394）在这里筑东莞守御千户所城。万历元年（1573）设立新安县，县城也在这里。

南头古城，又称莲子城。据形家来看，在一座圆形的小山上的古城，就像一粒粒的莲子，东、西、北面的几个小山村好似莲花瓣般衬托着南头，而南山、南园、北头、大新等村落从南向北一线延伸，宛如莲柄。

在县城的西北就是前海。原来叫南头海，在今天的宝安区与南山区之间，湾口南起龙舟角，北至大王洲，方向朝西。据清代康熙年间编纂的《新安县志》记载："南头海，在南头一里，两粤诸水合珠江，经虎门，绕南山，逶迤而东；海中有乌、白二石，对峙中流。"前海曾是明代的军港。据《新安县志》卷之八《兵刑志》的记载："明以邑地为广省门户重地，设立南头寨。"南头寨原先配有陆营把总一名，哨兵五名，队兵三百三十名。管辖的汛地有六处，即佛堂门、龙船湾、洛塔、大澳、浪淘湾、浪白。明嘉靖年间（1522—1566），倭寇大犯闽广，沿海骚动，明廷为之震惊。嘉靖四十四年（1565），为加强广东的抗倭力量，对付海上飘忽不定的倭寇，决定增建水军，在广东沿海设置了6支水军，其中设于东莞县东南的东莞守御千户所（今南头古城）的水寨叫南头水寨，管辖东起大鹏鹿角洲、西止于广海三洲山（今台山县境内）之间广阔的海防线。民国三十五年（1946），成立南头镇，属第一区，下辖九街、十约、南园、南厦乡。

1949 年 10 月，宝安县人民政府在南头设立莲城、十约、南屏人民联乡和沙河乡。1958 年，南头和蛇口、西乡、石岩成立超英人民公社。1959 年，经过民主整社，南头、西乡、石岩编为南头公社。1960 年，南头分出西乡公社。1975 年，南头分出石岩公社。

1980 年 8 月，南头公社、蛇口公社划给深圳经济特区。1983 年 9 月，南头区成立，为县级建制。1984 年 8 月，在南头区析置蛇口区。1990 年 9 月，南头区、蛇口区合并成立南山区，隶属深圳市。

南山

南山位于深圳市南山区南山街道。南山最初只是一个村落的名字，清嘉庆年间编纂的《新安县志》有南山村的记载，是典史管属村庄。南山村就在南山下，因山得名。

南山村又叫陈屋村。据说这里的陈氏是从沙井雍睦堂迁来的，与沙井壆岗、福永桥头等地的陈氏都是同宗。先祖陈俊卿，福建莆田人，官至左仆射，封魏国公。其子陈应元，官至议大夫，尊为始祖。应元之子梦龙，娶南宋理宗皇帝之女为妻，封为驸马都尉，尊为二世祖。南宋末年，陈梦龙因皇室姻亲及避元之难而举家迁到岭南广东南雄珠玑巷，他走遍了东莞各地，发觉归德濒海之地，土地肥沃，是东南一处美好之地，便定居于今宝安区沙井街道辛养社区。南山陈氏先祖陈韶凤（又名陈纯可）是陈梦龙重孙，元末明初从辛养村移居南山，繁衍栖息，尊为五世祖。至今村里还有陈氏宗祠、兰所陈公祠和陈郁故居等历史建筑。

陈郁故居位于南山村西巷内，院落中央立着陈郁的半身铜像，中间的一个房间内，依然保留着当年的陈设：两把竹椅和一张简朴的大头床。陈郁是中共早期工人运动的领袖和广州起义、省港大罢工的组织指挥者之一，曾任广东省省长。

南山春牛堂创建于明代，面宽 23 米，进深 43 米，为五开间三进深的建筑结构。现存前殿遗址、围墙、后殿及古井等，后殿进深 11.5 米，主殿祀天后，灵牌上书"护国庇民天后元君之神位"，其对联为："自宋迄今八百年来昭圣迹，由闽而粤三千里内著神灵。"明清时期，每当春耕开始，新安知县均在此举行开耕鞭春仪式，因而有"春牛堂"之称，是深圳古代重要的仪典旧址之一。

南山甜桃，以"果大、肉厚、味甜"著称，曾是南山的骄傲。南山甜桃大的有碗口那么大，达 250 克重。1972 年，南山公社（现南头片区）种植的南山甜桃千余亩，达 3 万多株。改革开放初期，南山甜桃曾一度是宝安县出口的主要农产品，20 世纪 70 年代末，因流胶病、穿孔病及介壳虫等病虫害日益严重，导致树势迅速衰退，甚至整棵桃树枯死，果实品质下降，大部分果农因此砍伐桃树而导致南山桃退出市场。今南山荔枝因得到加强培育管理和大量扩种，成为质量好、产量多的深圳水果，近年，被评为"国家地理标志保护产品"。

20 世纪 20 年代，宝安县实行区乡编制时，南山乡属第一区。1990 年 9 月，南头区、蛇口区合并成立南山区，隶属深圳市。

蛇口

蛇口位于深圳市南山区蛇口街道，东临深圳湾，西依珠江口，与香港新界的元朗和流浮山隔海相望。蛇口在南头半岛南端，南头半岛南高宽北低窄，形似出洞的蛇头，而东边山嘴的海湾就像一个张开的蛇口。

1983 年以前，蛇口曾是宝安县重要的渔港。东边是蛇口墟街道、商店、蛇口渔业大队、渔船修理厂，西边有晒鱼场、码头、村庄。湾厦村是蛇口较大的村落，原来叫湾下，因在赤湾下而得名。民国十三至二十一年（1924—1932），宝安县实行区乡编制，设湾下乡，属第一区。居民基本靠打鱼为生。民国二十二年（1933）按地理及人口分布进行调整，湾下与南山两乡合并成立南厦乡，属第一区。1953 年宝安县增划两个渔民乡，一个是东边的盐田墟乡，一个就是蛇口乡。1959 年经过民主整社，成立西海（蛇口水产）人民公社，1961 年改为蛇口（水产）公社。

湾厦村还保留了一座清朝时期的"天后庙"。

1978 年，袁庚被交通部党组委派赴港参与招商局的领导工作。他走马上任后，就想搞一些工业，但是香港的土地昂贵，寸土寸金；工人的工资也高，一个菲佣的月薪都要 3750 元港币，在内地，只要给 500 块钱。所以想在靠近香港，又有港口条件的内地找个地方。于是首先想到了东南部的大鹏，但是，大鹏离香港还是远了，交通不便，风浪很大，不合适。在考察了珠海、东莞之后，才选中了蛇口。香港到蛇口只要 1 个小时，从元朗过来仅需半个小时，而且有建港条件。1979 年 1 月 31 日，时任交通部副部长的彭海清和袁庚两人到

蛇口在南头半岛南端，南头半岛南高宽北低窄，形似出洞的蛇头，而东边山嘴的海湾就像一个张开的蛇口。

国务院，向李先念汇报工作。在汇报过程中，袁庚拿出一张香港出版的香港地图，细心地指着地图请李先念看，说："我们想请中央大力支持，在宝安县的蛇口划出一块地段，作为招商局工业区用地。"李先念审视着地图，说："给你一块地也可以。就给你这个半岛吧！"李先念用铅笔在地图上画了一个圈，蛇口的命运随之改变。招商局的一批创业者来到蛇口，开始了大胆的探索。最早按照国际惯例与初创的社会主义市场经济运作的机制，最早更新价值观念、时间观念、人才观念；最早成功地建立全新的劳动用工制、干部聘用制、薪酬分配制、住房制度、社会保险制、工程招标制及企业股份制，开始尝试建立中国的希望之窗、改革的试管、开放的模式。邓小平等党和国家领导人对蛇口的建设成就给予了充分的肯定。1981年，以李嘉诚和霍英东为首的11位港商想要入股共同开发蛇口工业区，但是却被拒绝，错过了发展的大好机会。1987年，蛇口工业区实行公司制，成为蛇口工业区有限公司。

　　现在的蛇口港是重要的交通要道，四通八达：水路距香港新界3.5海里，距澳门、珠海25海里，经珠江水系与广东、广西相连；陆路经疏港大道与华南公路干线相接，经港区铁路与京九铁路相接进而与全国铁路网相接；距深圳宝安国际机场30公里。年吞吐能力1500万吨，集装箱年通过能力50万标准箱，客流量年通过能力500万人次。蛇口港可同时靠泊10艘万吨级以上船舶，最大可靠泊10万吨级散货船，锚地可靠泊12.5万吨级散货船，是华南地区重要的粮食、建材集散中心和内贸集装箱中转口岸，并拥有深圳地区最大的客运码头。

蛇口原来只是宝安县的一个公社，经过 40 年的发展，早已完成了"杀出一条血路"的历史使命，较早地进行了自身的转型。从蛇口公社到蛇口镇，再到如今的蛇口街道，它的变化，是中国改革开放的一个前哨，也是一个缩影。

赤湾

赤湾位于深圳市南山区蛇口街道，南头半岛的南端，三面环山，背面是赤湾山，右面是牛羊山，左面是狮山。前临伶仃洋，与内伶仃岛相望，洪涛万顷，一望无际。

天后宫，又叫天妃庙，位于赤湾村小南山下，依山傍海，风光秀丽。相传明永乐年间（1403—1424），三宝太监郑和奉明成祖朱棣之命，率领舟师，远下西洋，船队行至珠江口南山附近遇险，请祷天后，天后显灵，救助郑和。郑和归朝，复命奏上，奉旨遣副帅张源建赤湾天后庙。万历八年（1580）广州海防同知周希尹倡议重修赤湾天妃庙。屈大均在《广东新语》中说，天妃"其祠在新安赤湾，背南山，面大洋，大小零丁数峰，壁立为案，海上一大观也。凡济者必祷，谓之辞沙，以祠在沙上故云"。清顺治十三年（1656），平南王尚可喜批准其部下对赤湾天妃庙大加修葺。嘉庆二十二年（1817），新安知县孙海观重修赤湾天后庙。清嘉庆年间（1796—1820），赤湾天后庙的地位提升，被列入新安县的祀典，成为珠江三角洲最有影响的天妃庙。

宋少帝陵在天后宫西面，系岭南唯一的一座帝王陵墓。宋少帝赵昺是南宋最后一位皇帝，于祥兴元年（1278）被陆秀夫、张世杰

在广州湾拥立即位。祥兴二年（1279）元军于崖门大败宋军，陆秀夫负少帝蹈海殉国，尸体漂至赤湾，被葬于小南山下。据赵氏族谱《帝昺玉牒》载："后遗骸漂至赤湾，有群鸟遮其上。山下古寺老僧偶往海边巡视，忽见海中有遗骸漂荡，上有群鸟遮居，心窃异之，设法拯上，面色如生，服式不似常人，知是帝骸，乃礼葬于本山麓之阳。"1982年少帝墓进行修缮，增置陆秀夫负少帝蹈海殉国雕像和碑刻两通。

南宋祥兴二年（1279）元军于崖门大败宋军，陆秀夫负少帝蹈海殉国，尸体漂至赤湾，被葬于小南山下。

　　赤湾右炮台位于赤湾港西侧的岬角上，东南有赤湾左炮台，东北为小南山，西南是珠江口的伶仃洋，它与赤湾左炮台形成掎角态势，是清朝时期重要的海防军事要地。由于古代船舶往来广州与南洋诸国，皆经赤湾，据史书记载，从明代起，官府已在附近的南山设置墩台以防海盗。清康熙年间（1662—1722）始于赤湾修建炮台。炮台雄踞赤湾两侧，左右呼应，扼险而守。现存左炮台，平面为长方形，坐北朝南，分台体和围墙两部分。全长26.2米，宽15.5米，台高4.5米，围墙高3.78米。下部用石块、上部用青砖砌筑。台上有营房7间，分属兵房、官房、神堂、厨房和弹药库等。赤湾炮台归属广东水师提标左营，由南头炮台把总指挥。炮台上各有驻兵20名，铁炮7门。鸦片战争期间，林则徐布防珠江口，曾重修赤湾炮台，广东水师提督关天培曾领兵在伶仃洋上击败英军。赤湾炮台曾为林则徐禁烟立下汗马功劳，光绪年间（1875—1908）废置。今赤湾左炮台为深圳市重点保护文物。

　　赤湾胜概曾在清朝康熙年间被列入新安八景之一。这是清康熙年间编纂的《新安县志》的记载："赤湾胜概，在南山之南，势耸丽，开展两翼，盘护葱郁，天妃宫殿在焉；前临海，洪涛万顷，一望无际，零仃数峰，壁立海中，为之屏案，海外奇观矣。天妃神甚灵应，船经此，必祷祠之。"

　　赤湾胜概是以天后宫为中心，集海光山色、帝陵古刹、赤湾炮台、南山烽烟、武林圣地、历代碑刻于一身的景色，吸引无数文人雅士驻足徘徊于此，也留下了他们无尽的感叹。

屯门

屯门位于深圳市南山区，原指南头半岛、内伶仃岛和香港龙鼓滩之间的海域，叫屯门澳。屯门的意思是设有屯田防卫之兵的海门。唐开元二年（714），创设市舶使于广州，开启海路邦交外贸。据宋王溥《唐会要》记载，地处南海海滨的屯门一带，商舶众多，而且被视为险要所在，唐开元二十四年（736）正月，设屯门镇，治所建在南头，驻兵二千，负责广东海岸线的防卫，兼负缉捕盗贼之责，保护海上贸易。对进出珠江口的船只进行检查管理，保障商旅安全，并配有战船。

屯门澳以东为九迳山，以南为大屿山，三面环山，是天然的避风港。古代的海船以帆船为主，行驶常受季候风所支配，屯门的地理位置，紧扼广东珠江口外交通要冲，凡是从波斯、阿拉伯、印度、中南半岛及南洋群岛等地来的海船，多会乘夏季西南风发之便，向东北航行，抵达中国海后，先集合于屯门湾，然后才驶入广州等地。从这里出发的海船，也多会待冬季东北风发之便，经屯门出海，南驶中南半岛及南洋群岛，再到印度及波斯湾等地。

唐天宝三年（744），浙江永嘉及明台等州的海贼吴令光作乱，被南海太守刘巨鳞以屯门镇兵，会同河南尹裴敦复合兵荡平。当时，屯门的地位已日渐重要，行经的旅客亦日渐增加，著名文学家韩愈所写《赠别元十八协律六首》以及刘禹锡写的《踏潮歌》对屯门形势亦多所描述。可见屯门的交通景况已广为人知。宋代，在屯门亦置营垒，取名为屯门寨。元代设屯门巡检司，设巡检一员，兵150名，衙署在屯门寨。明洪武三年（1370），屯门寨一度并入固戍寨，后改为南头寨，设参将镇守。

南头的屯门寨南面的海中有一座山，就是南朝杯渡禅师驻锡的杯渡山，因为是屯门寨的朝山而被人们称为屯门山。

香港的屯门是因位于屯门山下而得名。早在唐宋时期，前往广州做生意的波斯商人就将此作为停靠锚地。明正德九年（1514），葡萄牙商人阿尔瓦利斯（Jorge Aivares）自葡萄牙殖民地马六甲来华，到达屯门，进行贸易活动。正德十年（1515）葡萄牙商人拉菲尔·佩雷斯特罗（Rafaei Peresteiio）来屯门贸易，并收集明朝的大量情报。正德十二年（1517）六月十七日，马六甲总督安特拉德率舰队从马六甲出发前往中国，葡萄牙使团特使皮雷斯（Thomas Pirez）随行。8月15日，抵达屯门，强行登陆。9月间溯珠江而上，直达广州要求通商，被明朝以不属于朝贡关系遣还。但葡萄牙人盘踞屯门不肯离去。正德十三年（1518）马六甲总督派弟弟西蒙·安特拉德（Simao D Anorade）率舰队到屯门前来接替自己。伊斯特氏所著《葡人在中国之居留地》中载："西眇（即西蒙·安特拉德）于一五一八年驾一大舶及三小艇至屯门港。此人秉性贪暴，所在劫夺财货，掠买子女；并于此建筑堡垒，以示有据此岛之间。"西蒙·安特拉德与中国官员交往时，粗暴无礼，并占领屯门、葵涌等处海澳，设立营寨，配以火药枪炮，俨然修筑成一座堡垒，在中国沿海大肆进行抢劫和海盗行为，甚至贩卖当地儿童到海外为奴。当地盛传佛郎机（葡萄牙）人会生吃小孩，百姓们十分惊慌，纷纷逃离该地。

明正德十六年（1521），御史邱道隆、何鳌等人先后上奏朝廷，请求驱逐葡萄牙侵略军。四五月间，广东海道副使汪鋐率军进驻东莞县南头，围困屯门。6月15日，明军向屯门发起进攻，葡萄牙人凭借西洋火器，据险顽抗，使明军攻击受挫。南头的乡绅吴瑗、郑志锐等人向汪鋐献攻"屯门彝"之策，并协助招募一批熟悉水性的民兵，还准备了一些装满膏油和柴草的小舟。8月底，双方再次交锋，汪鋐针对葡船体大不易掉头的弱点，运用火攻加凿船的战术智取敌军。当时南风甚急，汪鋐乘夜召集船只，满载枯柴，灌以脂膏，点燃船只后顺着南风驶入，敌船纷纷着火燃烧；再派人潜水，将未着火敌船的船底凿穿。随后，率军奋勇击敌，跳上敌船与敌人短兵相接，打得葡军溃不成军，死伤惨重，残余狼狈逃离屯门，撤往马六甲。这次海战揭开了中国人民反抗西方殖民侵略斗争的序幕，具有重要的历史意义。

鸦片战争之前，英国人将屯门作为向中国贩运鸦片的转运站。

如今的屯门是香港的卫星市镇。20世纪60年代，港英政府才开始开发这里，取名为青山区。70年代，新市镇才正名为屯门新市镇。

白石洲

白石村位于深圳市南山区沙河街道，是一个古老的村落，因村前小山顶上悬立一块大白石（粗粒花岗岩）而得名。在清康熙年间编纂的《新安县志》就有记载，属新安县一都。嘉庆年间，为典史管属村庄。

大沙河在白石村西面，流入后海，明清时期曾在这里设白石渡，这是一个横水渡，沟通东西的交通。它和黄岗渡一样，都是邓洪仪税渡。

明代这里曾经是繁忙的商埠，乃灶民、渔、疍贸易之区，但一向为奸商垄断，百姓遭到剥削。明代崇祯七年（1634），根据当地士民建言，知县乌文明上书朝廷请求减少军粮的负担额而增加盐税。崇祯八年（1635），知县李铉请示两院，加引二十道，创立南头白石埠。后来，顺德人李日成假冒新安李姓之灶籍，借参与缴纳军饷的事务，掠夺他人财物。崇祯十四年（1641），士民力陈疾苦，知县周希曜申请两院盐台，始革去埠商李日成。到了清代，这里依然是盐埠，据清康熙年间编纂的《新安县志》记载，由于负担太重，无法完成食盐销纳任务，白石一村，村民逃亡殆尽。

白石村后来叫白石洲。1959年，佛山专区农垦局在这里创办沙河农场，白石洲村、上白石村、下白石村、新塘村和塘头村（1958年因建石岩水库，库区受淹的部分塘头村村民被政府安置在白石洲建村）的村民都转为农场职工。农场在后来一分为二，成立了华侨城集团公司和沙河实业集团公司。人们之所以一直误认为白石洲是农村城市化后的城中村，是因为长期以来这两大企业政企不分，企业办社会。1999年后沙河实业集团逐步将一些社会管理职能归还政府，由于无论是人力还是资金投入都大大减少了，造成白石洲的城市环境和治安环境比华侨城要差得多。白石洲就形成了现在这样的复杂的多元化的面貌。

深圳经济特区建立，吸引大量的外来务工人员。由于白石洲在深南大道边，交通便利，出租屋的租金相对便宜，一直是外来人员理想的居留地。

西沥

西沥位于深圳市南山区西丽街道，最早见于清嘉庆年间编纂的《新安县志》里，典史管属村庄。立村时间应该不会早于清代康熙年间。沥是水下滴的意思，当地人又称之为细小的水沟。西沥村在塘朗山的西边，山上无数的细流汇聚到这里，故名。

1958年，全省河流规划工作提出建设西沥水库。1959年12月，水库工程正式开工兴建，主坝填筑采用水中填土法，工期仅100天。1960年3月，水库主坝工程竣工。集水面积2900万平方米，总库容3000多万立方米。1977年冬，在大沙河上游，长岭皮村以北开始建设长岭皮水库。

1979年金秋，西沥水库度假村开业，这是中国改革开放后创建的第一家旅游度假村，曾被评为广东"岭南八景"之一，享有深圳"五湖四海"之首的盛誉。1983年年初，廖承志和杨尚昆到这里参观，见到这里美丽的景色，听到建设的汇报，杨尚昆对度假村的负责人说：你们有志气，是好样的，把西沥水库改为西丽湖岂不更好？在座的无不叫好，廖承志当场挥毫题写"西丽湖"三字。从此，西沥就变成了西丽。

1983年10月，西丽街道（包括了今桃源街道）成立，先后隶属于南头区和南山区。2002年6月，经市政府批准，以大沙河为界，原西丽街道一分为二，增设了桃源街道。现在的西丽街道东以大沙河与桃源街道相连，由北环大道起一路延伸至西北面宝安区之区界。

横龙岗

横龙岗位于深圳市南山区南光街道。北面是墩头村，西边是北头村。

最早叫龙岗村，因村后有黄龙岗而得名。后改名为横龙岗。人民公社时代，横龙岗村和正龙村合并为南光村。现在村口的牌坊上，写的依然是"横龙岗村"和"正龙村"。

横龙岗村以吴姓居民居多。宋明以后，吴吉甫公由南雄珠玑巷入粤，是吴氏入粤始祖。横龙岗村吴氏是从广州新塘迁至新安南头定居的。凤孙吴公祠位于横龙岗村内，建筑别具一格，大门额上"凤孙吴公祠"5个大字端庄醒目，祠堂布局严谨，有前殿、左右厢、前廊、后殿等，已被列为南山区重点文物保护单位。后殿的石柱上有一副楹联：上联"横龙呈吉瑞寻本溯源念祖上"，下联"岗村纳贞祥和里睦邻训儿孙"。改革开放后，当地不少吴姓居民移民美国、荷兰等地，但祠堂每次修葺重建，海外乡亲都积极捐款，且每年回来举行各种纪念活动。宗祠文化已然成为联系海外吴氏子孙与家乡的重要精神纽带。

第五节

福田区

福田

　　福田村位于深圳市福田区福田街道。南宋时期，江夏黄氏后裔黄金堂，由江西来到南海之滨开基立村。因村中有一棵大椰树，取名椰树下。椰树下在清康熙年间编纂的《新安县志》里就有记载，属新安县六都。在清嘉庆年间编纂的《新安县志》里，它是官富司管属村庄。后来黄氏迁到上沙村。由于子孙日多，人丁兴旺，黄氏后裔的一支又去福田村垦荒造田。福田周围的上步、岗厦都是丘陵起伏，唯独福田这一片地势平坦，土地肥沃，造出一幅一幅的田地，百姓得福于田，故取名为福田。

　　福田村由东头、西头、老围、牛巷、祠堂、新村六个自然村组成，现改为由贝底田坊、牛巷坊、大门坊、东头坊（现改建为福群楼）、西头坊、岗边坊、祠堂坊、福新坊（原梁姓村民居住地）八个片区。

　　深圳建立经济特区后的1981年，福田村的土地以几百元一亩的价格被征收，并没有给予村民就业安置。村民们失去了赖以为生的土地后，在没有文化、没有技能的情况下寻找出路，有的从香港带点小商品回来搞些小商品贸易，还有人搞土方工程运输，参与深圳很多主要干道和项目建设。

新洲

　　新洲位于深圳市福田区沙头街道，深圳河出海口的北岸，是简姓单姓村落。它的东北面是一个古沙洲，有下沙、上沙等村落，这里是新涨出来的沙洲。简氏在这新的沙洲上建村，取名"新洲"。新洲村被石厦、沙嘴和沙尾三个村庄围绕。

据《宝安县新洲村简氏开维公家谱》记载,简氏是明朝中期从东莞罗村迁来的,简南溪为新洲开基祖。新洲村最早建有围门,村前明堂平坦开阔,有一水塘。后向南北发展,形成北村、中心村、南村、祠堂村。清朝末年,南村建有文武庙和杨侯庙,祠堂村有白虎庙,后均被破坏。

简氏宗祠建于清嘉庆六年(1801),光绪二十九年(1903)重修,1992 年曾经再次重修。

简氏宗祠坐落于新洲祠堂村,为三进三间二天井,带两侧廊房的砖、木、石建筑结构。面阔约 13 米,进深约 32 米,占地面积405 平方米。沿中轴线依次为带两侧塾台和塾间的门堂、前天井、砖木结构牌坊、后天井和祖堂。在前、后天井之间建有牌坊,这种结构在福田区的所有祠堂中是唯一的。

新洲村有一个其他村都没有的特殊节日——学生节。每年农历四月初八,就是新洲村的学生节。这一天,家族要拿出公款来买些糖、水果,由家族里的太公把全村所有的学生召集到一起,把糖和水果分给大家,勉励学生们努力学习。在当时穷得连吃饱肚子都难以保证的状况下,要长期坚持做到这一点是很不容易的。

在新洲村的西头,还有一座特别的庙宇,叫作"文武庙"。庙里大殿的正梁上,站立着用木头雕成的一只大公鸡,以闻鸡起舞的典故,警示简氏子孙,奋发有为。每年正月初一、初二两天,全村男丁都要敲锣打鼓去拜文武庙。村民结婚、新生男婴点灯,也要拜文武庙,希望自己的后代有所作为。

留在新洲村的简氏族人仅余1000人，而定居香港或海外的新洲简氏后裔却达3000多人。

车公庙

车公庙位于深圳市福田区沙头社区，是深圳最著名的交通站点。在深南大道与香蜜湖路立交桥西侧的深南大道中央绿化带下，就是车公庙地铁站，它沿深南大道东西向布设，是1号线、7号线、9号线、11号线的四线大型换乘枢纽站。

新洲村有一个其他村都没有的特殊节日——学生节。每年农历四月初八，就是新洲村的学生节。这一天，家族要拿出公款来买些糖、水果，由家族里的太公把全村所有的学生召集到一起，把糖和水果分给大家，勉励学生们努力学习。

　　这里从前确实有一座车公庙。据清嘉庆年间编纂的《新安县志》记载："车元帅庙，在甜水坑，离城二十里。"相传车公是南宋末年一员猛将，籍贯江西南昌五福，因戡平江南之乱有功，被封为大元帅。后来蒙古大军压境，长驱而入，宋军无法抵抗，节节败退。宋帝在左丞相陆秀夫护驾下，逃难来到今天的深港地区。当时，车大元帅亦护驾南来，途中因病逝世。乡民因念他忠直英勇，在他死后奉之为神明。

　　甜水坑车元帅庙就是今天所说的车公庙。只是当年香火旺盛的庙宇早已无法寻到踪迹了，如今深南大道、滨海大道沿线公交以及地铁都有一个叫"车公庙"的站。

　　沥源村的车公庙就是现在的沙田车公庙，位于香港新界沙田大围车公庙道七号。建于明朝末年。相传明末崇祯年间，新界各地突然疫症流行，乡人在县志里，发现宋朝有位车大元帅，不但平贼有功，所到之处，疫症亦立刻停止，乡民因此到蚝涌请求当地父老，允许他们抬着车公的神主牌，到沙田各乡巡游，请车公消灾解难，果然神灵显现，瘟疫消除。沙田村民有感神恩，就请人塑造车大元帅的像，并在此建一间车公庙，立庙奉祀。《九约竹枝词》唱道："车公庙畔水洋洋，径口林深草木荒；共说神灵多庇佑，五更钟响即焚香。"

　　位于香港西贡蚝涌的车公古庙年代更早。始建于明初，奉祀车公，另祀侯王、五方五土红白星君。相传车公庙建成后，村民集资购买了一匹白石马给车大元帅当坐骑，并把白石马装置在庙外。自此以后，怪事接连发生。原先果实累累的禾稻，连年失收。同时，村民每早下田工作时，都发现稻田的禾穗东歪西倒，泥土上还留下野兽的足迹。后来，村中父老邀请了一位风水先生到村里来，风水先生认为是白马精作祟。于是，村民把白石马拆下，埋在庙门外的空地下面，并且在地上放置了一个炉趸。自此村里太平，五谷丰收。

第六节

罗湖区

罗湖

　　罗湖位于深圳市罗湖区南湖街道。罗湖原来只是一座名不见经传的小山，就在深圳火车站的南面，深圳河蜿蜒从山下流去，河那边就是香港。

　　修建广九铁路，这里建了一座铁桥，因在罗湖山下而取名罗湖桥。罗湖桥有三孔，两端桥孔为 6.17 米的钢槽梁，中桥孔为 32 米的钢梁。清光绪三十三年（1907）正月，《广九铁路借款合同》在北京签订，当年上半年完成设计，7 月分三段同时开工。初建时，广九铁路自大沙头至九龙 178.55 公里，中、英双方商定，以罗湖桥中孔第二节为界，分为中、英两段，其中中段长 142.77 公里，英段长 35.78 公里，分段施工。罗湖桥至九龙段由英方修建。1911 年 10 月 8 日广州至深圳的铁路通车。当年年底中、英两段铁路在罗湖桥接轨连通。1912 年中、英两方订立联轨营业合同。

　　罗湖口岸是改革开放前深圳仅有的两个陆路口岸之一，罗湖口岸多年来是中国客流量最大的旅客出入境陆路口岸。1887 年九龙海关正式建立，办理粤港两地的通关手续。1949 年九龙关起义，随后，总关机构陆续撤回深圳，仍称"九龙关"。1950 年 1 月，海关总署决定将"九龙关"更名为中华人民共和国九龙海关。中华人民共和国成立初期关口主动后撤，架在深圳河的罗湖桥就成了通关的口岸。

　　1949 年 10 月 14 日广州解放，因铁路员工积极护路，广九铁路免遭破坏（后内地改称广深铁路）。当时的罗湖桥不但桥面狭窄，只能行驶火车，而且桥身无顶无棚，任凭日晒雨淋。1959 年，人民政府将罗湖桥改建成钢筋水泥桥，桥面也加宽了一倍多。1962 年又加盖了铁皮篷顶，在铁桥两侧增设了铁栏杆，并铺设了人行道。桥中间一条白线，桥头有哨兵严守，显得非常神秘。1967 年，广深铁路全线大修，1985 年增建复线。1994 年 12 月 22 日，广深铁路建成我国第一条时速 160 公里的铁路。1997 年香港回归祖国。罗湖桥的设施不断改善，面貌焕然一新。

　　1979 年 3 月宝安县改为深圳市，同年 10 月正式组建罗湖区，是深圳市政府的派出机构，辖福田、附城 2 个公社和深圳镇。1982 年 1 月，设立罗湖行政区，辖整个深圳经济特区。1983 年 6 月，深圳市把经济特区划分为罗湖、上步、南头、沙头角 4 个管理区，罗湖管理区辖附城公社、人民路街道办与和平路街道办 2 个办事处，同年 10 月，撤销附城公社和人民路、和平路 2 个街道办事处，设立桂园、笋岗、蛟湖、南湖、黄贝、翠竹 6 个街道办事处。1990 年 1 月，经国务院批准，由原罗湖管理区、沙头角管理区合并组建新的罗湖区。9 月，罗湖区分别成立第一届区委和第一届人民政府。辖区范围包括沙头角镇和南湖、蛟湖、笋岗、翠竹、桂园、黄贝、盐田、梅沙 8 个街道办事处。1997 年 10 月，经国务院批准，沙头角镇和盐田、梅沙街道办事处从罗湖区划分出去，新组建盐田区。

蔡屋围

　　蔡屋围位于深圳市罗湖区桂园街道，罗湖火车站的西北边，地王大厦、深圳书城、万象城、大剧院、晶都酒店等都是在原蔡屋围的土地上建造起来的。

　　蔡屋围最早的名字叫赤坎，又写成赤磡、赤墈。明代袁渔隐有

▲

蔡屋围位于深圳市罗湖区桂园街道，罗湖火车站的西北边，地王大厦、深圳书城、万象城、大剧院、晶都酒店等都是在原蔡屋围的土地上建造起来的。

一首《晚兴》诗："梧峰吐月映罗溪（指深圳河），缟带飘飘赤墈西。欸乃几声渔棹过，高歌解使白云低。"该诗描绘出蔡屋围这一带美丽恬静的风景。

明朝初年推广卫所制度，在此设立月岗屯，属南海卫东莞守御千户所管辖。靠着跑马占荒，当时月岗屯的范围很大，包括今天的笋岗仓库到深圳河边的很大一片土地，当兵的种地，当军官的收粮。附近还有陈姓和曹姓人家的村落，建有月岗屯墟。明代洪武十七年（1384），陈家雇用一个叫蔡基俊的青年养鸭。蔡基俊十分勤劳肯干，成家立业，买田起屋，人丁兴旺。到了明中后期，月岗屯逐渐衰败。蔡姓人到月岗屯南部落脚，他们利用月岗屯的旧址建村，先后建起大围屋，人称蔡屋围。

明天顺年间（1457—1464）赤坎属官富巡检司，归城乡六都。

据清嘉庆年间编纂的《新安县志》记载，赤坎村改名为赤墈村，属官富巡检司管辖。嘉庆十六年（1811），赤墈乡人在月岗屯建了一座桥，夜里有神火至此，因名圣灵桥。

清末，赤墈村改名蔡屋围村，属新安县管辖。咸丰六年（1856），蔡屋围村建怀儒公祠。怀儒公是蔡屋围十五世祖，蔡长甲的长子，生了蔡百源、蔡百清、蔡百渭三个儿子。怀儒公祠是其后裔为他修建的分祠。

在大革命时期，蔡屋围成为宝安革命运动的中心。1925年2月，周恩来率部东征到深圳，在怀儒公祠前举行军民联欢会，周恩来在大会上讲话，向民众说明讨伐军阀陈炯明的意义，解除东江人民的痛苦，扫除军阀割据，建立革命根据地。同年三四月，黄学增、何友逖等人在三区发展了蔡子儒、蔡励卿、蔡子湘和郑泰安、文季彬、郑庭芳6名党员，其中蔡屋围的党员人数最多，成立了宝安县第一个党小组，蔡励卿为组长。7月，周士第、廖乾五率"建国陆海军大元帅府铁甲车队"100多人进驻怀儒公祠等地，协助省港大罢工纠察队封锁香港，开展农民运动。9月1日，蔡屋围乡农会成立。

第七节

盐田区

盐田

盐田位于深圳市盐田区盐田街道，三面环山，一面临海。盐田最早是大鹏所的屯田。清代初年还在此设有盐田汛，"汛"是明清时期基层军事机构的名称，见于清康熙年间编纂的《新安县志》。

清康熙元年（1662）迁海，盐田也在迁移范围之内。康熙八年（1669）复界后，官府大量招募丁佃，广东东北部嘉应州，江西以南、福建以西的客家人士迁移至盐田一带定居。清代盐田村属县丞管辖的村庄。

盐田墟原名沙头墟，后因地处海边，过去曾造田晒盐而得名。民国时期，深圳恢复部分食盐生产，1926 年，宝安县政府成立盐务总处，统管盐业。1949 年以后盐田改名为"龙岐盐场"，深圳地区和全国绝大部分地区一样，"以粮为纲"，除了大兴农业之外，辅以海水养殖业，盐田已经被彻底边缘化。1998 年，深圳的最后一家盐场——大鹏镇龙岐盐场宣布停产。

盐田在古代还是深圳东部的交通要道。有两条道路经过这里：一条是盐田径，在梧桐山腰，大石砌结，宽一丈许，延亘十余里。相传由元季邑人萧观庇所修，有碑记，岁久湮没，至今称亭子步。另一条是黎峒径，在县东六十里，通盐田、大鹏等处。

1997 年 10 月 21 日，国务院批准增设深圳市盐田区，辖从罗湖区划入的沙头角镇和盐田、梅沙 2 个街道办事处，区政府驻盐田街道黄必围。1998 年 2 月 16 日成立盐田区政府，1998 年 3 月 30 日正式挂牌。区政府驻沙头角官上路。2002 年 6 月 18 日，撤销沙头角镇，设立沙头角街道、海山街道。调整后，盐田区辖盐田、梅沙、沙头角、海山 4 个街道。2003 年 3 月，区政府迁至深盐路东侧区行政中心。

三洲田

三洲田位于深圳市盐田区梅沙街道，古称"三丘田"，是梧桐山脉盐田坳至梅沙尖中段山涧盘地，四周层峦叠嶂，山势险峻，群山林密，陆海两路经坪山和沙头角，可通香港、深圳、广州、汕头、厦门。三洲田原由坪山镇管辖，现由盐田区管辖。1958 年，政府选择在这个低洼的地方兴建水库，让三洲田村民迁移到几公里外的三洲田村现址，原址则被库水淹没，成了一片水下废墟。

1900 年间，三洲田村一带居住着廖、钟、林、陈等七姓，乡民喜爱武术，有自幼习拳的传统。该村廖庆发、廖仁玉等三合会党人，在三洲田开设了一间"义合小铺"的杂货铺和两间拳馆作掩护，聚集着方圆百里一批热血青年，舞刀弄枪"自卫防贼"。

1900 年 6 月，孙中山亲自率一批兴中会成员到香港活动。7 月16 日船到香港，接到当局通知不许任何人登岸，于是只能在船上开军事会议，商讨军事事宜，并决定在惠州、广州两地同时发动起义，派郑士良前往惠州，联络会党，直接指挥起义，以广东省新安县绿林和嘉应州、惠州三合会为主力，借助菲律宾独立军在日本购置的军械，在惠州三洲田发动起义，沿海东进，直趋厦门。然后用从日本运来的军火武装起义军，再攻回广州，马上组织临时政府；另派史坚如至广州策动响应；又命陈少白、杨衢云等留港负责调械接济；孙中山自己则从日本南下中国台湾，等起义发动时设法潜入大陆亲自指挥。郑士良按照计划吸收了新安一带的绿林，并联络了潮州、惠州、嘉应州各属会党，集合于三洲田。三洲田"山深林密，路径迂

回。南抵新安，紧逼九龙租界；西北与东莞县接壤，北通府县二城，均
可窜出东江，直达省会；东南与海丰毗连，亦系会党出没之处"。而
且附近地区一向没有什么兵丁驻扎，是一个比较理想的集结起义武
装之地。郑士良坐镇三洲田，等待香港方面运来武器，以及台湾方
面的指示，即行起事。10月8日，郑士良、黄福等受命率会众猛袭
新安沙湾兰花苗兵营，清军溃逃。首战告捷之后，旋即乘胜向深圳
推进，直逼新安县城。15日，起义军与清军战于佛子坳，缴枪700
余支，俘敌数十名。继又在镇隆大败清军。其后，在永湖、崩岗墟
又连败清军。21日，经龙岗、淡水进至三多祝，起义军辗转作战连
连得胜，沿途乡民纷纷投军，队伍很快发展到2万余人。由于起义
军已连战10来天，弹药已尽，且2万余人队伍庞大，粮草不足，只
能等着孙中山筹置的军械弹药来接济。然而，计划却全部落空。原
来孙中山在接到捷报后，请日本人宫崎寅藏将借自菲律宾独立军的
军械运往惠州，不料，这批军械尽是破铜烂铁，全不能用。时值日
本政府更迭，新任首相伊藤博文一改援助中国革命的政策，而是保
全清王朝作为其代理人，禁止军火出口。由于日本方面的变化，致
使革命党人购存在台湾的武器也不能运出。这样，在清军进逼，弹
药军械不足的情况下，孙中山只得派日本人山田良政从香港潜入白
沙大营告知郑士良："政况忽变，外援难期；即至厦门，亦难接械，可
自决进止。"郑士良在外无援军、内乏弹药的情况下，被迫将队伍
大部分就地解散，留下精锐1000多人，分水陆两路回师三洲田。水
路绕道香港，购置弹药，准备联合新安、虎门义师，围攻广州。他
们还想袭击深圳、横岗等地清军，但因弹尽援绝，被迫于11月7日

解散队伍。郑士良率少数骨干先后被迫经香港逃亡海外。三洲田庚子起义历时 32 天，以失败告终。孙中山向世人疾呼：经此一役，"国人之迷梦已有渐醒之兆"，"有志之士，多起救国之思，而革命风潮自此萌芽矣"。

辛亥革命成功后，1912 年孙中山特派副官到三洲田抚恤牺牲起义军的家属，每人发 200 银元慰问金，重建三洲田村，另拨 3000 银元给三洲田兴建校舍，以作纪念。1925 年孙中山逝世后，孙科亲笔题写"庚子首义中山纪念学校"匾额；又为马峦村学校题写"华强学校"。1933 年 12 月 12 日广东省国民政府批准建立"三洲田庚子革命纪念亭"。

沙头角

沙头角位于深圳市盐田区沙头角街道，在英国人强占香港岛之前，沙头角是广州府新安县六都辖下的一个乡，位于梧桐山下，大鹏湾畔，这里有一个天然渔港，附近共有 56 个村庄。

自清康熙迁海复界后，大量源自广东东北部嘉应州，江西以南、福建以西的客家人士迁移至沙头角一带定居。据传新安县有一官吏清晨来此视察，目睹日月同辉的壮丽景观，脱口吟出"日出沙头，月悬海角"的诗句，沙头角地名遂由此而来。

沙头角原无墟市，乡民们需要翻山越岭赶往深圳墟交易，山路崎岖，交通不便。大约在清道光十年（1830），当地乡绅倡议在沙头角建立墟市，为此各乡村成立了十个墟市联盟，称为"十约"，它是伴随着人口数量的逐步增加和村庄的形成而建立的乡村联盟组织。香港北区区议会出版的《北区风物志》记载："沙头角'十约'成立于'东和墟'开墟之时。"而研究者认为东和墟兴建的时间在1820—1830年之间。墟市建立和"十约"几乎是在同一时间。建墟初期有店铺72间，每逢墟期便门庭若市，甚至盐田、横岗和惠阳一带的乡民也纷至沓来。

　　1840年，中英鸦片战争爆发，次年1月26日，英国军队从香港岛登陆并宣布占领该岛。1842年8月29日，在"皋华丽号"旗舰上，英国与清政府代表签订了《南京条约》，割占香港岛。1860年，英国以《北京条约》割占了九龙半岛。中英街则是1898年中英签订《展拓香港界址专条》的产物。《展拓香港界址专条》称："溯查多年以来，素悉香港一处非展拓界址不足以资保卫，今中、英两国政府议定大略，按照粘附地图，展扩英界，作为新租之地。其所定详细界线，应俟两国派员勘明后，再行画定。以九十九年为限期。"虽然名为"租借"，但后来租金问题并未落实。港英代表、辅政司骆克甚至在报告中建议"应将深圳包括在租借地内"。

　　1899年3月16日，根据《展拓香港界址专条》，中英两国勘界代表广东补用道王存善和香港辅政司骆克来到沙头角勘界，这次勘界称为陆地勘界，于3月18日结束。中英最初勘界时，东和墟被划到了英国一侧。由于乡民们都不愿失去这个与大家生活密切相关的墟市，于是夜里往外挪动勘界的小旗，保住了东和墟。后来东和墟被一场台风摧毁，而立着界碑的河道两侧，则开始出现店铺，逐渐形成今天的中英街。

　　"中英街"是居住在英界一侧的华人最早叫起来的，意思是"中国人居住在被英国管辖的街道"。1905 年，港英政府工务局在中英街竖立永久性麻石界碑，界碑对街名的形成有直接影响。但当时华界不承认此名，他们把小街华界一侧叫"中兴街"，有"期待中国兴旺"的含义。那时，邮差送信，华界居民的信件被送到"中兴街"，英界居民的信被送到"中英街"。中英街形成后，长期保持"一街两名"的状况，是与"一街分治"相适应的——港英政府管辖"中英街"，而中国政府管辖"中兴街"。1951 年，粤港双方几乎同时把深港沿线设为"边防禁区"，中英街作为边防禁区的管理从此开始。

1982 年 9 月，沙头角镇作为县级镇从罗湖区划出。1983 年 6 月，深圳经济特区设罗湖、上步、南头、沙头角 4 个区办事处。1984 年 5 月，沙头角区办事处改设为沙头角管理区，仍作为市政府的派出机构。办事处于 2002 年 6 月 18 日撤销沙头角镇，镇政府分设沙头角、海山两个街道办事处。沙头角街道辖区总面积 6.91 平方公里；下辖沙头角、田心、桥东、中英街、东和 5 个社区。

▶

"中英街"是居住在英界一侧的华人最早叫起来的，意思是"中国人居住在被英国管辖的街道"。1905 年，港英政府工务局在中英街竖立永久性麻石界碑，界碑对街名的形成有直接影响。

第八节

坪山区

坪山

坪山位于深圳市坪山区坪山街道。明代坪山区域属惠州府归善县上下淮都。其地势除东南部有较高的田头山之外，其余山丘较为低平，因而叫坪山。

坪山墟建于清乾隆年间，黄、曾、张、戴四姓合创，以二、五、八为墟期。他们开设店铺，除自营外，还租与他人，收取地租。石楼围罗氏开设裕茂号，经营杂货店、榨油坊和酿酒坊。金龟邱氏开设联发号，经营杂货店。还有横塘高氏的麻糖糕店、苏杭店和米铺，咸水湖刘氏的杂货店，长守村巫氏的益兴号经营家私，竹园村沈氏的裕丰泰，果园背村麦氏的杂货店。

曾氏是坪山的大姓。据族谱记载，曾氏原籍中原武城，明永乐初年迁至江西吉安永丰吉阳村，后迁福建汀州宁化县石壁村，继迁广东潮州海阳县，再迁兴宁，至十三世简辉公始迁坪山，十五世周公时，大万世居于清乾隆五十六年（1791）开始兴建。自此，曾氏家族便在此地繁衍生息，安居乐业。

大万世居位于坪山墟西南，规模宏大，占地1.5万平方米，是全国最大的方形客家围之一。平面呈方形，四角建有炮楼，正面有大六楼，均为高高的围墙相连，围墙上有走马廊相通。围龙屋大门向南，门楼上塑有"大万世居"4个大字。大门前为禾坪，再前是月形池塘，禾坪侧仍保留有旗杆石。

马峦山海拔300～590米，在盛夏山上的气温比深圳市区要低3℃。山上植物茂密，物种丰富，千亩梅圃万株梅花更是远近闻名。

2009年6月，设立坪山新区，管辖原深圳市龙岗大工业区和

坪山位于深圳市坪山区坪山街道。

龙岗区坪山街道、坑梓街道。2016 年 9 月，国务院批复以龙岗区坪山街道、坑梓街道（坪山新区区域范围）设立坪山区。

坑梓

坑梓位于深圳市坪山区坑梓街道，其北与惠阳接壤，辖沙田、老坑、秀新、金沙、龙田 5 个行政村，清代属惠州府管辖。据说，坑梓镇旧无墟市，其居民多赴淡水、坪山、龙岗赶集。其中城内、沙梨园一带村民系由老坑黄姓家族分出，人们遂将附近一带统称为"坑仔"。"坑"是客家方言词，是指"两边被山夹住的长山沟"。坑仔就是"小坑"，表示面积较小的山间谷地。"子"在广东常被读作"仔"，音义皆可能发生混淆。当地人改"子"为"梓"，既可避免音义混淆，又带了"乡梓"之新义。

坑梓素有"文化之乡"的美誉，辖区保留有深圳最大的客家特色民俗古建筑群落共 36 处，散落在坑梓各处的客家围屋共有 48 座，其中 35 座由梅州迁来的黄氏所建。这些几百年间修建的围屋，是黄氏家族繁衍、发展的历史见证。

龙田世居位于坑梓街道田段心社区，建于清朝道光十七年（1837），占地 5000 平方米，是深圳目前保存最为完整的客家围屋民居之一，1987 年被列为宝安县第一批重点文物保护单位，2002 年 8 月，被核定为广东省第四批省级文物保护单位。龙田世居三面环水，水面宽约 16 米，呈半圆形，另一面是高大的围墙，水面上一座小桥，通往对岸的一个亭子。这个半圆形的河岸与外墙成"龟背"状图案，较为少见，是典型的岭南客家式的庄园。围屋坐北向南，位于花园中间，围屋外两侧傍河处各建有一排房子，围屋前有宽敞的晒谷场及与围河相通的池塘。整座围屋四周壁立、高不可攀，大门上有一门额，上刻："龙田世居，道光十七年丁酉岁仲夏榖旦隽卿建立。"墙上贴有对联"龙门得意揭春榜，凤诏新颁建立田"。围屋四角及北面正中设有四层楼高的炮楼，炮楼间连以跑马廊。祠堂在围屋的中心，祭祀活动也是黄氏家族最神圣的活动之一。直到今天，黄氏后人无论走得多远，都会回来拜祭祖宗。据介绍，每年都有不少旅居海外的黄氏后人回来寻亲问祖、追随先祖的奋斗足迹，祭祀黄氏先祖。

1986 年 10 月，撤销坪山区及所辖乡，设立坪山镇。11 月，坑梓从坪山镇分出，设立坑梓镇。2004 年，坑梓镇撤镇设街，各行政村改设居委会。坑梓街道辖坑梓、老坑、龙田、秀新、金沙、沙田 6 个居委会。2016 年 9 月，国务院批复以龙岗区坪山街道、坑梓街道（坪山新区区域范围）设立坪山区。10 月，坪山新区坪山、坑梓两个街道分设为坪山街道、马峦街道、碧岭街道、石井街道、坑梓街道、龙田街道 6 条街道。

第九节

龙华区

龙华

龙华位于深圳市龙华区龙华街道，羊台山东麓，观澜河的上游，因墟内有龙华庙而得名。

龙华庙在龙华旧街上，始建年代可能在清代初期，清代晚期和民国时期多次维修。相传很久以前，这里有一棵松树，树上有一只仙鹤每天都叫三声，给龙华乡民带来好运，于是人们就在紧靠大松树的北侧建了一座庙，起名叫华光庙。后来改称龙华庙，应该是祭祀弥勒菩萨，佛经中有弥勒菩萨在龙华树下成佛的典故。该庙坐南朝北，庙墙上绘有许多仙鹤的图样，占地面积152.6平方米。龙华庙前的对联，上联为"龙光千里慈航地"，下联为"华邑万年乐善天"，联内嵌入了"龙华"二字。庙的两边为直通的街巷，所以叫穿窿街。从老街通过穿窿街可以直达龙岗顶。穿窿街卖洋货，鱼街卖鱼。

龙华墟建于清朝同治年间（1862—1874）。清末民初，龙华墟形成一条百米长的街道，是商业较为集中的地方，街道两旁有杂货摊、店铺20多家，主要经营米酒、糖油、药材、文具、豆腐、银饰、布料之类，另有一些潮汕等地小贩摆卖洋货。墟期为三、六、九。

龙华主要姓氏是鹊山的郑氏，上早的彭氏，下早的黄氏，陶吓的林氏，赤岭头的何氏，元芬的戴氏、张氏、郑氏、黄氏、卢氏、颜氏等。龙华保存着客家人独特的风俗，他们在大年三十要杀鹅，祭奠祖宗之后吃团圆饭。大年初一要吃素，不沾荤腻。端午节要宰狗以祭奉列祖列宗。春节是客家人最重要的传统节日，家家都做"圆龙粄"。在清明节和重阳节，家家户户都要到先祖的坟上去"嫁山"（扫墓），在清明节每人都吃鸡屎藤粄、艾粄（一种中草药做的食品），以求能避瘟疫、除疾病，保全家人安康。龙华妇女有戴凉帽的习惯；春节用石菖蒲煮水洗澡；清明节上山采咸茶（山草药）；到了喜庆日子就有舞麒麟节目。

每逢龙华重大的节庆活动，舞麒麟是必不可少的助兴节目。一个麒麟班人数为 25 人。正式舞麒麟前，要对新制作的麒麟（道具）举行开光仪式：首先选在凌晨 12 点开眼，然后到东南方选一棵树采青，再拜祖宗、拜师傅神位。舞麒麟分头尾两套：首先，摆好麒麟位，响锣三声，舞麒麟开始，舞头套。尾套接头套，动作不同，换二人舞，采青，嬲花园（到花园玩弄），收尾拜三鞠躬，这一项结束。接着狮尾仔开始打功夫，一路抢下去，打完白手功夫，就开始对装策。舞麒麟所有器械：拳遮、内针、棍、双刀、快耙、对内针、翻遮二面、沙刀遮、针遮、打快耙、二棍、长棍。每舞一棚（场）麒麟约需一个小时。

1984 年以前，龙华墟镇面积不到 1 平方公里。1985 年年初，龙华镇邀请广东省城乡规划设计研究院、深圳市住房和建设局、宝安县建设委员会共同规划了 4.6 平方公里的龙华新城建区，出台了龙华镇基建第一期规划方案，规划建设工业区、商业区、住宅区、办公楼、学校、公园、影剧院、酒楼等项目。1985 年 3 月龙华城镇新工程破土动工，1986 年 3 月宝安县第一家镇级影剧院在龙华落成。1989 年投资 1360 万元修建了四车道的人民路，作为龙华镇交通主干道，并以人民北路为主体，使之成为龙华镇政治、经济、文化中心。2003年，龙华城区规划面积 52 平方公里，已开发 35 平方公里，一改马路经济的弊端，形成了网状城市格局，获得了广东省城市规划先进镇、全国村镇建设先进镇等荣誉，并获得广东省城镇规划建设管理岭南杯竞赛金牌。

随着深圳政治中心由罗湖移向福田，龙华作为福田中心区的腹地，经济战略地位迅速提升。龙华凭借区位优势、科学合理的城镇规划、城市建设及卓有成效的招商引资工作，经济迅猛发展，成为深圳中部的交通枢纽、房地产龙头、工业重镇及现代化物流中心，被誉为"深圳后花园"，且先后被省、市政府定位为广东省中心镇、深圳市次中心区、深圳卫星城、深圳市物流中心，并获得了中国乡镇之星、广东省乡镇企业百强镇称号。

清湖

清湖位于深圳市龙华区龙华街道清湖社区，与坂田、观澜交界，龙观路、布观公路以及机荷高速公路、梅观高速公路都途经清湖。

清湖得名于羊台山东麓和龙华河的终点处天然形成的一个大湖泊。湖泊有几十亩，由无数小湖组成大湖，不论暴雨连绵或是干旱之年，湖水都不增不减、清净如镜，故名清湖。和清湖相连的还有一条清湖河，水也很深，常年有船只往来，是当时清湖人与外部世界往来的主要通道。后来，湖泊淤积，清湖逐渐消失了。

清湖村是深圳最早的古村落之一。这里的廖氏，发祥于河南南阳市唐河县。唐代因战乱，廖氏崇德公迁至江西，再辗转入粤。据廖氏族谱记载，宋庆元年间（1195—1200），一世祖廖坚自江西宁都迁移至广东增城，立籍西林都，其子廖平善迁居龙门；元泰定二年（1325），六世祖明德公携长子光道、次子光迪由龙门县武功乡迁移至该地。当时廖明德长子廖光道，落脚于羊台山麓的清湖，以养鸭起家，后种稻捕鱼，建立居围。随着时光流转，经数代人努力，人口繁衍，相继形成长石围、旧围、博围、树康围、上围、清湖等自然村落。今天，这里还保存着祠堂、碉楼、三界公庙等古迹，成为都市里的历史记忆。

　　清湖有一个名人，就是在清朝富甲一方的奇人马留公。相传其属猴托生，天资聪慧，敏捷机灵，小时腹内能诵五车书，胸中包藏千古史，负有神童之称。本该考取功名的他16岁父母双亡，家道中落，柴米不敷。一日做梦，梦得数十瓮黄金。次日按照梦中指引果然在柴房挖出巨额黄金，从而富甲一方，号称黄百万。马留公淡泊名利，乐善好施，深得乡民敬爱。

　　一天，继祖和三界相约同游惠州西湖，在游乐时见到一位有身孕的少妇到湖边打水，三界心觉不悦，对继祖说："此妇乃吾来生之母，是吾托生之所矣！明日吾即要西行，与君从此永别也！"

　　提起清湖，不得不说起三界庙。相传，明朝中期，清湖出生了一位能人叫廖继祖，他生性聪明，练就一身好本领，文武双全，品学兼优，他考举时在三甲之内，中了武探花。明帝爱惜人才，廖继祖被留军任职。继祖为官三十载，眼见官场内你争我夺，忠良被害。于是他觉得为官不为民众谋福利，不如不为官，毅然退出官场。继祖退出官场后，年过半百的他告老返乡，归田后寄情山水，性好交游，并且与罗浮山高士三界道人结为好友，情同手足。三界也是一位诗名遍洛、德行满野的能人。继祖和三界两人经常在一起吟风赏月，怡情遣兴，对诗赋词，游遍山川。一天，继祖和三界相约同游惠州西湖，在游乐时见到一位有身孕的少妇到湖边打水，三界心觉不悦，对继祖说："此妇乃吾来生之母，是吾托生之所矣！明日吾即要西行，与君从此永别也！"三界含着眼泪对继祖说："生死自有定数，只见随缘而来，随缘而去，命之所在，贫道岂能强求呢？"继祖明白了三界所说之意，见三界闷闷不乐，于是盛情约三界回到清湖，当天晚上两人对坐品茶聊到深夜。三界沐浴后对继祖说："吾幸生五旬，与君结缘甚厚，只是相见恨晚，而今缘已尽，限已到，只得永别。"接着三界写诗一首："半百年来体性空，怡情山水乐心胸。今朝惜别故人去，火焚尸骨谢情隆。立地为神护清湖，赐福清湖报廖公。"三界写完诗后手中的笔突然掉在地上，他也跌地而终。此时的继祖见状，立即抱起三界痛哭。继祖按照三界的遗嘱，将尸体火化，择日在清湖选地立庙，起名为"三界庙"。三界庙建好后，三界爷化身显灵为清湖老百姓护家卫村，驱邪规正，除恶保善，赐福清湖民众，从此这里成为人杰地灵的风水宝地。

油松

油松位于深圳市龙华区龙华街道油松社区。最早叫"楼溪",地处坂田南坑溪流和民治的白石龙溪流交汇之处。因为长期被水冲刷,形成无数涌沥,游氏迁入此地初期将其称为"游涌",后来因为方言谐音又称为"游松",河上游称为"上游松",下游则为"下游松"。后又因谐音将"游松"书写成"油松",但《游氏族谱》里一直沿用"游松"一名。

游氏原定居广平一带(在今河北),时至东晋战乱,无法在祖地生产生活,为了生存避开战乱,背井离乡往南迁,迁至闽、赣。入闽始祖为游植、游匹二人,游植居福建南部莆田,为南支始祖,游匹居福建北部建阳,为北支始祖。这就是史传的南支(莆田)、北支(建阳)之说。而油松的游氏是植公的后裔,称为南游(福建莆田支),后又从福建迁来广东,后来祖先七世祖裔昌公在明朝中后期,从东莞寮步迁徙到龙华油松,从此一直定居在油松。

游氏祖先看中了油松宜居的环境,利用河两岸资源优势,大力发展水运、商业贸易和农副产品加工业,大兴农业、养殖业,使其成为远近闻名的富饶之乡。

游氏家祠始建于清乾隆年间,清嘉庆五年(1800)曾被修复,1992年被重新翻修,为三间二进中天井的布局,门口有对联"广平毓秀,世叔流芳",横批为"百世其昌"。家祠内有建祠石碑,立于清嘉庆五年。

上油松现存一棵古枫树。古枫树的树名叫"枫香",至今已有208年的历史了,古枫树位于油松路与新牛路的交汇处,足足有13

米高，需两人环抱才能将其抱住。村里的老人家说，因为古枫树灵性十足，所以一直被村民奉为镇村之宝，也正是有了古树的庇佑，油松自古以来便是周边著名的富饶之乡。

俗语有云，古树近旁必有庙，在古枫树前就有一座大王爷庙。听村里老人说，因为村民觉得古树灵性十足，所以在附近修建了大王爷庙，而这座庙也成了龙华香火最旺的庙宇之一。每逢春节、清明、端午、中秋、冬至这些传统节日，上油松的居民都会前往祭拜。到现在，不仅是上油松的居民，其他社区的居民也会前来祭拜。

白石龙

白石龙位于深圳市龙华区民治街道。原名金埔岭，村边山上有排列整齐的花岗岩石蛋，形似白色卧龙，故改名白石龙。白石龙村在清嘉庆年间编纂的《新安县志》里有记载，属官富司管属村庄。

白石龙是一个杂姓村，主要姓氏有蔡、刘、胡、简、李、杨、冯、吴等，蔡氏人数最多，据说与蔡屋围蔡氏同一祖宗，明末清初从东莞迁来。与龙华大部分原住民不同，白石龙村居民以广府人为主，通用宝安白话。白石龙有不少果园，荔枝远近闻名，沙梨更佳，直接销到香港。

1942 年 1 月下旬，中共中央南方工作委员会副书记张文彬到达宝安羊台山抗日根据地白石龙村，同广东人民抗日游击队领导人尹林平、梁鸿钧、曾生、王作尧、杨康华等进行多次谈话，在白石龙村主持召开了一系列会议（称"白石龙会议"），决定成立东江军政委员会，尹林平为主任，梁鸿钧、曾生、王作尧、杨康华、谭天度、黄宇为委员。会议还决定成立广东人民抗日游击总队。

1941年12月25日,香港沦陷于日军铁蹄之下。日军一进香港,就开始对中国文化名人和爱国民主人士进行大搜捕,妄图一网打尽中国文化精英。邹韬奋等文坛翘楚更是属于日军密令"就地逮捕和惩办"的对象。周恩来亲自部署了文化名人香港大营救的活动,其中东纵负责的香港经九龙到白石龙的营救路线是营救文化名人最多的一条路线。除了邹韬奋、茅盾、胡绳、戈宝权、胡风、廖沫沙和丁聪外,还有张友渔、沈志远、宋之的、金仲华、刘清扬、胡仲持、周钢鸣、张铁生、黎澍、蓝马、于伶、凤子等文化和艺术界的名人。香港中国文化名人大营救行动,被誉为中共抗战历史上最伟大的营救行动。

当年白石龙村见证文化名人大营救的建筑主要有两栋:一栋是东纵司令部所在的两层楼小洋房,一栋就是天主教堂。

当时的白石龙村正是东江纵队总部的所在地。东纵司令员曾生、副司令员王作尧的办公室就在离教堂不远的一座两层楼的小洋房里。1942年年初,时任中共东江特委书记的尹林平、东纵司令员曾生和中共香港市委书记杨康华等领导就是在这个小洋房里研究部署大营救具体方案的。东纵副司令员王作尧在他的回忆录《东纵一叶》回忆道:1月14日,东纵部队在白石龙村这座天主教堂旁边的空地上举行了欢迎会,庆贺一大批文化名人脱险归来。当晚东纵司令员曾生还邀请邹韬奋和茅盾两位文化巨匠参观了东纵设在离小白屋不远的报社。邹韬奋是中国一代著名报人,对东纵部队自己办的两份报纸表现出了极大的兴趣。在他的建议下,东纵第三大队创办的《大家团结》和第五大队创办的《新百姓》合并为《东江民报》。邹

周恩来亲自部署了文化名人香港大营救的活动，其中东纵负责的香港经九龙到白石龙的营救路线是营救文化名人最多的一条路线。

韬奋还欣然命笔写下《东江民报》的报头，并为《东江民报》写了发刊词。茅盾则为报纸题写四言诗作贺，并为《东江民报》的副刊题名《民声》。《东江民报》后来又改名为《前进报》。

白石龙天主教堂在 1929 年由香港神父筹资建立，是龙华当时最早建立的天主教堂之一。现在，在周围一排排高耸的工业厂房映衬下，这座白色的平房显得那么微不足道，但是这座小屋却是为抗战立下功劳的革命遗址。茅盾在他的回忆录《脱险杂记》中是这样描述这座教堂的："全村唯一没有遭到严重破坏的大房子是一所教堂。教堂当时只剩下一个空壳，传教士早已走了，信徒也已星散，但单看那房屋的规模，就知道它曾经盛极一时，这座被冷落了的教堂，前前后后招待过的文化人少说也有几百人吧。"

观澜

观澜位于深圳市龙华区观澜街道。1984 年 7 月，深圳市博物馆进行文物普查，在观澜镇东莞村湾下岭遗址发现新石器时代至青铜器时代的石铲、石环等石器。同年，在武馆村西南发现同时代的有几何印纹的硬陶片、釉陶和釉陶豆，证明在公元前 1000 年观澜已有人活动生息。

传说清朝乾隆年间，岭南风水名师邓坤云游到此，见河水清澈，波澜壮阔，乃名之曰"观澜"。而观澜其名，出自《孟子》。孟子曰："孔子登东山而小鲁，登泰山而小天下。故观于海者难为水，游于圣人之门者难为言。观水有术，必观其澜；日月有明，容光必照焉。流水之为物也，不盈科不行；君子之志于道也，不成章不达。"宋代诗人陈岩写了一首七言绝句《澜溪》："小溪亦有怒涛翻,可但沧溟始足观。世事会心无广狭,请君来此试观澜。"

观澜在新安、东莞两县之间,长时间无人管理。在建立观澜墟之前,附近居民赶集都到附近的清湖墟。清光绪年间,东莞知县派人勘定了观澜墟的地址。观澜墟建成后,新安、东莞各自都在墟内设置了地方治所。因为当官的互相牵制,所以,老百姓称此墟为"官难"作为讽喻。民国二十四年(1935),观澜被划为东莞县的一个乡,称为"杆栏乡"。1950年8月5日前,政府将县与县之间的插花地做了调整,东莞县的观澜乡划归宝安县管辖。

大革命时期,观澜人民积极参加中国共产党领导的反帝反封建的运动,涌现出陈国基、张振堂、钟英宏、周马连等一批先进分子。1938年11月,中共东莞中心县委在观澜章阁村成立中共东宝边区工作委员会,并在章阁成立东宝惠边区人民抗日游击队第一、二大队,领导宝安和东莞塘厦、凤岗、清溪、樟木头等地开展抗日斗争。1941年下半年观澜各村建立了青抗会、妇抗会和自卫队。1941年8月成立以周来友为组长的观澜中共党小组。1944年3月成立了观澜乡民主政府,全乡建有10个党支部。1949年10月16日,观澜解放,乡政府迁入观澜墟,取代国民党的乡公所。

观澜原村民为汉族,大都属客家民系,通用客家方言。只有大湖村一个村落属于广府民系。华人华侨、港澳台胞人数多,约为4万人,是深圳地区著名侨乡,侨居世界五大洲,60多个国家和地区。传统建筑主要是客家民居,地标性建筑为炮楼,2004年宝安区首次文物普查中,发现观澜有114座清代至民国时期的古炮楼,是迄今为

止在深圳发现的规模最大、保存最完好的古炮楼群。炮楼最早建于
清嘉庆至道光年间，最晚的建于20世纪30年代左右。炮楼早期楼
板以木质为主，为防御土匪骚扰而建，一般建在居住房屋的四角，以
三四层高为主，没有窗而只有枪眼；中期的炮楼开始采用三合土加
砂灰夯筑，炮楼瞭望、防御的意义渐弱，逐渐变为生活居住楼，有
的直接用作商铺，这些炮楼中下部已有窗，在楼顶才有枪眼；晚期
炮楼已采用现浇的混凝土建造，是许多在海外发迹的华侨回到故乡
后为彰显荣耀而建，炮楼越建越高。在建筑风格上，炮楼早期以中
式建筑风格为主，晚期逐渐融入西式元素，中西绘画艺术和图案都
得到运用和借鉴，体现出浓郁的西洋风味。文秀公炮楼是观澜最早
的炮楼，位于桂花社区庙溪老村，桂花社区的原住民以陈姓为多，修
建的炮楼就以陈氏族长的名讳命名，"文"代表辈分，"秀"为人名。成
昌楼位于观澜古墟东门街，8层近30米高，在层数和高度上都堪称
深圳碉楼之最。炮楼代表着观澜客家人文化的根基，是观澜的文化
地标。

　　观塘古道从观澜墟东门开始，经贵湖塘村、赤花岭村、放马埔
村、新石桥村，翻过高坳（属桂花地界内最高的山）进入塘厦地界，经
坪山仔村再到塘厦村。这条古道后来还与清溪、凤岗等东莞地区连
通，成为宝安、东莞经济和人员往来的一条交通要道。东莞塘厦人
到观澜（俗称投墟），大多数人都走这条古道。每逢观澜墟日（农
历一、四、七），塘厦的农民就提着自己种的蔬果及养的家禽到观
澜墟出售，再买回自己需要的布匹等物品。从20世纪80年代开始，再
无人使用这条古道了。

观澜河连年水患，危害两岸民众的农耕，造成生命财产的重大损失。观澜古墟周边的一河两岸村落，观澜古墟、万安堂、鲤鱼岭、巫屋围、大布巷、岗头、横坑、马坜等地受灾特别严重。每年雨季，居民们用竹子和纸扎成近十米高的"山大人"，焚烧后送下河去，镇压水妖以求两岸平安，农耕顺遂，风调雨顺，取得丰收。

观澜的舞麒麟主要分布在松元厦、樟坑径、君子布和桂花四个社区。麒麟一般长五至六米，头部用竹片等扎成，眼睛可以转动，口可以翕张，其身用绸布镶着闪闪发光的鳞片。舞动时，一人舞麒麟头，一人舞麒麟尾，两人配合默契，把传说中麒麟的喜、怒、哀、乐、惊、疑、醉、睡等动静神态表现得栩栩如生。舞麒麟在表演过程中所配有的乐器主要有唢呐、鼓、铜锣、铜钹和二胡。表演结束后，有武术表演。观澜的舞麒麟作为客家人的民间传统祭奠活动，具有典型的民族性、民俗性和民间传承性，也有广泛的社会影响，同时，它还具有一定的民间舞蹈、民间音乐、民间体育和人类学、民俗学研究价值。

望天湖

望天湖位于深圳市龙华区民治街道。据《民治村史》记载，望天湖包括现在的水尾、东边、向南、塘水围、沙吓、沙元埔以及牛栏前村（社区）。数百年前，20多个姓氏的客家村民在距离羊台山不远的"望天湖"一带择地而居，相互守望、繁衍生息，发展壮大至今。

望天湖的称呼来自美丽的传说。据说历史上的望天湖村地广人稀，周边群山环抱，中间一马平川。每逢多雨季节，村内积水流泻不畅，俨然一片湖面。也有说是一只从海里爬到望天湖的大海螺，停在东边村的山头上，因留恋眼前美景迟迟不归，幻化为巨石，对天而望，被人们称为望天海螺山。望天湖之名大抵由此而来。昔日的望天湖，堪称青山常在，碧水长流。遗憾的是，历经沧桑的望天湖，早已没有山峦与湖泊的影子，以前下湖摸鱼、临湖捣衣和担湖水饮用的景象不复存在，那些纯净得近乎天然的生活场景只能成为望天湖老人心中美好的回忆。

清末民初时期的望天湖航运较发达。那时的望天湖湖水深约 5 米，河面宽达 10 米，常年可通航。那些装满粮食、食盐、瓷器、杂货的船只每天在建有码头的沙吓村村头停靠，或卸货上岸，或装船登程。船只向北通过油松河、清湖、观澜河、石马河直达东江，然后鼓帆而去。

水运的消失使望天湖在整个民治乡的商贸中心地位有所下降，不过，这也进一步刺激了陆上交通以及陆地贸易的发展。很快，沿着铺满碎石子的小径到牛栏前老墟甚至更远的龙华墟赶集就成为望天湖人新的生活念想。再后来，以望天湖人为代表的民治人三度开启梅林坳，建成民治大道。

1941 年，望天湖正式更名为民治，成为抗战时期的宝安革命根据地。当年，日本兵从梅林坳进犯民治龙华一带进行扫荡，得到了消息的望天湖村民，配合东宝惠边人民抗日游击大队第二支队的干部，分头通知村民撤退，使敌人扑了个空。敌人走时，又被隐蔽在沙吓村后的望天湖村民张昌仔用一杆鸟枪偷袭，三名日军被击毙。

1941年6月,王作尧第五大队第三中队在望天湖民兵自卫队、武工队配合下,在水斗坑一带设伏,先派兵与敌人激战于沙吓村,后诱敌人入伏击圈。望天湖自卫队率先冲上山头猛击敌人后背。此战共击毙日军八人。

望天湖人在婚丧嫁娶方面保留着北方的习俗,如结婚的哭嫁、抬花轿、撒帐等,现在已不多见。那炽热缠绵的客家山歌也随着耕种活动的消失而消失,但是,遮阳兼带装饰功能的凉帽还偶尔在那些从事户外环卫工作的妇女头上出现。望天湖人的传统美食有焖狗肉、酿豆腐、盐焗鸡等,现在这些美食仍是望天湖人餐桌上常见的佳肴。木偶戏(又称公仔戏)已被更加丰富的文体活动所代替,在当地难见踪迹。

第十节

大鹏新区

大鹏

大鹏位于深圳市大鹏新区，三面环海，东临大亚湾，与惠州接壤，西抱大鹏湾，遥望香港新界。因在大鹏山之麓得名。

明洪武二十七年（1394），指挥花茂奏设东莞、大鹏二所，以御倭寇，屯种荒田，且耕且守。大鹏所城由广州左卫千户张斌负责开筑，内外砌以砖石。沿海所城，大鹏为最。大鹏所城设正千户一员，副千户二员，百户十员，镇抚一员，幕官吏目一员，司吏一员，驻兵二百二十三名。为加强所城周围安全和防御能力，增设野中墩、大湾墩、旧大鹏墩、水头墩、叠福墩5个墩台，每墩设瞭望守卫旅军5人，均由大鹏守御千户所调拨。

清初大鹏所原设防守千总一员，兵三百名。顺治十三年（1656）新安县知县傅尔植奏请改设大鹏所防守营，官兵五百名。清康熙年间（1662—1722），为了加强新安县沿海各地的军事力量，以大鹏城和南头城东西两路为重心，改南头寨为新安营，升大鹏所为大鹏所防守营，增设营盘汛防墩台、塘防及炮台，形成较为严密的防御网络。康熙七年（1668）并大鹏所防守营入惠州协，归惠州协副将管辖，时该营官兵凡四百名。康熙四十三年（1704）改大鹏所防守营为大鹏水师营，官兵九百三十一名。防所大炮共一百六十八位。雍正四年（1726）裁游击，改设参将一员，添设外委千把总七员，改隶广东水陆提标统辖。

嘉庆十五年（1810），清政府因为海防需要，水陆区分，在广东增设水师提督，驻扎虎门，下设五营。大鹏为外海水师营。据《广东通志·经政略》记载："大鹏营在广州府东南五百里，东至归善县岭凹村，陆路三十里；西至新安县独树村，陆路九十五里；南至外洋；北至归善县西乡凹，陆路三里。存营守备一员，把总一员，外委二员，兵二百十名，分防兵五百九十名。"

清道光十一年（1831）以该营所辖之洋面宽广，难于防卫，遂分设左右二营。左营即原大鹏营，兵额五百零五名，右营驻东涌所城，兵四百八十二名。道光二十年（1840）以鸦片走私盛行及英人威胁日大，遂将大鹏营提升为协，增设副将一员，移驻九龙。咸丰十年（1860）九龙地区转归英属，大鹏协所辖部分台汛位英界内，故被废置。同治八年（1869）该协左营实存兵四百三十名，右营实存兵三百二十名。光绪二十四年（1898）英人租借新界及离岛地区，该协所辖汛台内全位英界内，故亦被裁设。光绪二十五年（1899）九龙寨城内之清朝官兵被英军驱逐，该协两营故亦被裁。

1980年，深圳经济特区建立不久，深圳的文艺工作者滕文金想创作一件能代表深圳经济特区精神的雕塑作品，翻遍《宝安县志》，也未找到适合的资料。深圳的"圳"字典讲是水沟，难成雕塑原型。后来，他遇到时任深圳经济特区市委书记兼副市长黄施民、深圳经济特区管理委员会秘书长丁励松，就把自己的困惑给他们讲了。黄施民说深圳还有个镇叫大鹏镇，三人觉得这"大鹏"很有象征寓意，能代表深圳气质。黄施民就在刚刚创刊的《深圳特区报》上发表文章，将深圳称为"鹏城"。从此，深圳市就有了"鹏城"的简称。

大鹏原属龙岗区，2011年12月30日成立新区，是深圳市最年轻的一个功能新区。辖区面积607平方公里，其中陆域面积294.18平方公里，约占深圳市土地面积的六分之一。

大鹏鲍鱼，因产于大鹏湾一带而得名。鲍鱼的肉质鲜脆美味可口，营养价值高，所以位列"鲍、参、翅、肚"四种海味珍品之首。

王母峒

王母峒位于深圳市大鹏新区大鹏街道。据清康熙年间编纂的《新安县志》记载："王母妆台，在大鹏王母峒村前，有大石，高数丈，昔传王母梳妆于此。"宋景炎元年（1276），元兵大举南侵，宋军望风而撤，都城临安陷落，为避元兵追杀，杨太后（名淑，世称王母，即俞太妃）偕同皇帝宋端宗赵昰和卫王赵昺以及朝中大臣杨亮节、丞相陆秀夫、太傅张世杰等，从福州沿海南逃广东，赵昰死后，众人奉赵昺为祥兴帝，又经潮州、南澳、甲子门等地，退向香港。途中，于大鹏湾登陆。他们一行来到附近一个村庄，稍事休息，杨太后由宫女携扶，登上村前山边一块形如梳妆台的花岗岩大石。冷风萧萧，罗带飘飘，皇母临风对镜，梳理云髻，面对破碎的南宋江山，泪洗红颜。驻跸一段时间后又赶赴官富（今称九龙）。后来，当地百姓才知梳妆贵妇原是宋帝赵昰之母杨太后，于是便把村前山坡命名为"风吹罗带"，而把村庄改称为"皇母峒"，那块大石也被称为"皇母妆台"。后来为避元军搜杀，取谐音，将皇母峒和皇母妆台改为"王母峒""王母妆台"，因当地方言皇、王、黄同音。现大鹏有王母墟，其地名亦来源于此。据清康熙年间编纂的《新安县志》记载，王母峒曾经被叫黄母峒，属新安县七都。

王母峒最早是大鹏所的屯田，明代建围立村。清代嘉庆年间，屯军已散，所有屯田尽系转佃民间，随田瘦腴纳租不拘则例。大量源

杨太后由宫女搀扶，登上村前山边一块形如梳妆台的花岗岩大石。冷风萧萧，罗带飘飘，皇母临风对镜，梳理云鬓，面对破碎的南宋江山，泪洗红颜。

自广东东北部嘉应州、江西以南、福建以西的客家人士迁移至王母峒一带定居，形成墟市，称为王母洞墟，成了县丞管属客籍村庄。

王母峒村是传统的农业村落，以种植水稻、番薯为生，居民以林、李、郑、廖姓为主，围内建筑整体布局为八横五纵，现存林氏、李氏、郑氏三姓祠堂、古民居约 80 座，大部分保存完好，目前仍居住1000 余人。

说到王母墟，不能不提中华人民共和国的五星红旗最先在这里升起。中共领导的华南解放军粤桂边纵队从新华社 1949 年 9 月 30日新闻电稿中了解到 10 月 1 日要在北京举行开国大典的消息，并从电稿中得知了五星红旗的制作样式。当晚，纵队参谋长杨应彬带领准备进驻广州的干部学生驻扎在大鹏半岛王母墟。杨应彬看了新华社新闻电稿后，兴奋不已，便组织几位女战士，按照电稿中的说明制作了一面五星红旗。10 月 1 日清晨六时，近千名解放军战士、干部、学生、群众肃立在王母墟光德学校的操场上举行升旗仪式，迎接中华人民共和国成立。

葵涌

葵涌位于深圳市大鹏新区葵涌街道。葵涌在大鹏半岛北端，东靠大亚湾，西连盐田区；南濒大鹏湾与大鹏镇相邻，与香港九龙半岛隔海相望；北接坪山镇和惠州市。总面积 103.9 平方公里，地形依山傍海，为长条形地带，以丘陵山地为主，属石灰岩地区。

葵涌最早是大鹏所的屯田。清康熙元年（1662）迁海，葵涌也在迁移范围之内。康熙八年（1669）复界后，官府大量招募丁佃，广东东北部嘉应州、江西以南、福建以西的客家人士迁移至葵涌一带定居。

　　古时这里的河涌盛产水葵。水葵是一种水生植物，就是所谓的莼菜。李时珍《本草纲目》记载："莼生南方湖泽中，惟吴越人喜食之。叶如荇菜而差圆，形如马蹄。其茎紫色，大如箸，柔滑可羹。夏月开黄花，结实青紫色，大如棠梨，中有细子。春夏嫩茎末叶者名稚莼，稚者小也。叶稍舒长者名丝莼，其茎如丝也。至秋老则名葵莼，或作猪莼，言可饲猪也。又讹为瑰莼，龟莼焉。"相传最初有女麦氏携二子，徙居过此，一子中暑，采莼（即水葵）服食，暑解，大喜，遂落居，葵涌因之得名。

　　清康熙年间编纂的《新安县志》记载，葵涌村属新安县七都。当时还建了葵涌墟。清嘉庆年间编纂的《新安县志》记载，乾嘉年间，监生潘光大在葵涌建了一座济安桥。

　　清嘉庆《新安县志》载："九顿山，在新安县东一百余里，从山麓而上，连顿九层，至顶则平旷，往大鹏所必由之路。""相近有葵涌山，多生水葵。"从前的人们从南头，经沙头角、大小梅沙，往大鹏镇走，沿着窄窄的山间小路，右手边是一片大海，左手边是一道道非常相像的、面朝大海的山头，共有九折，基本上位于一条直线，这就是九顿山。据说，有位官员坐着轿子，要赶往大鹏镇上任，到了沙头角后，就要翻越很多座山。这位官员坐在轿子上一路往外看，但见行过别处，处处风景不同，可是行到这里，下一个山头和刚走过的上一个山头，几乎是一模一样，好像总也走不完，一直走了半个月，才行过这九座相像的山头。

清顺治四年（1647），山寇陈耀破大鹏所城，劫掳而去。贼首李万荣据所城，罗钦赞盘踞梅沙、葵涌等处，四出流劫数载。

葵涌在抗日战争时期是东江纵队司令部的所在地，为革命老区。东江纵队司令部位于葵涌街道土洋村，该建筑建于1912年，为中西合璧风格的意大利天主教堂，由主楼、礼拜堂和附属用房等三部分组成，中间有走廊相通，建筑总面积400平方米。1942年春，神父撤离土洋村。根据战争形势的发展和开展敌后游击战争的需要，中国共产党领导的广东人民抗日游击总队的指挥部由龙华迁到葵涌土洋村该建筑内。主楼为曾生、尹林平、王作尧等领导人工作和居住的场所，礼拜堂则作为会议室和作战室，附属用房改为工作人员的工作用房。楼房后面的小平地，是小型练兵场。1945年春，东纵司令部由土洋村迁到博罗县罗浮山。2002年7月，东纵司令部旧址被广东省人民政府公布为省级文物保护单位。

沙鱼涌

沙鱼涌位于深圳市大鹏新区葵涌街道，是土洋村的一个自然村，位于沙鱼涌河出海口的南岸边上，出海口的南边是东芬海滩，这里曾是热闹的外贸交易市场。香港以及外国的商船就停在海面上，然后用小船把商品运到岸边的沙滩上交易。境外商船运来的商品主要有棉纱、布匹、煤油、香烟、火柴、食品等，有时还有枪支弹药运来这里出售。内地商人通过古道运来的产品主要是猪、牛、羊、家禽、木柴、木炭以及农副产品。商品运出沙鱼涌口岸时，都要经过海关的检查。

　　沙鱼涌这个交易场所兴起于明朝，最繁华的时期是 20 世纪初至 30 年代，当时的沙鱼涌口岸是惠州、东莞和宝安三地最大最兴旺的口岸之一，被称为"小北京"。境外和内地的商船每天都运货到沙鱼涌港口，并且每天有一班客轮来往香港大埔墟。这里有海关、银行、典当行、赌场、妓院、烟馆等。

　　沙鱼涌的名字，还因为沙鱼涌战斗和东江纵队北撤，永远铭刻在中国革命史上。

　　1925 年 6 月 19 日，省港大罢工爆发。7 月 10 日，罢工委员会宣布对香港实行武装封锁，断绝交通。同时派出工人纠察队开赴各海口驻防，执行封锁任务。8 月初，孙中山总统府铁甲车队队长周士第和廖乾吾率铁甲车队开赴港九边界的南头、深圳、沙头角一带，协同工人纠察队全面封锁香港及新界口岸，并支援当地农民运动。10 月，国民革命军第二次东征，打垮陈炯明。但英国援助陈炯明残部占据深圳大鹏湾等地。10 月 30 日，敌人在沙鱼涌捉走工人纠察队员 10 余人。周士第、廖乾吾闻讯即率铁甲队 4 个班从深圳前去救援。11 月 4 日凌晨 4 时许，敌人包围我军，战斗爆发。7 时，英军一艘军舰由香港驶来，以火力进行封锁，同时亦派出一架飞机支援。在南部高地阻击的黄华然班，在敌几百人围攻下，用完手榴弹、子弹就拼刺刀，最后全部牺牲。9 时，接踵而来的敌军占领全部高地及沙鱼涌街口。周士第决定突围，转向消灭街口敌军，冲出包围圈。11 月 5 日凌晨 2 时方抵深圳。此战歼敌约 200 人，其中击毙敌参谋 1 人、连长 2 人、排长 5 人；工人纠察队伤亡 10 余人，铁甲车队伤亡 20 余人（排长李振森、黄华然班等 15 人阵亡）。毛泽东在广州农民运动讲习所讲课时，也号召学员们向铁甲车队的英勇斗争精神学习。

在沙鱼涌海边的礁石上，有一个东纵北撤登船纪念亭。抗日战争结束后，毛泽东到重庆与蒋介石谈判，国共双方签订《双十协定》。中国共产党决定让出中共控制下的广东、浙江、苏南、皖中、皖南、湖北、湖南、河南（不包括豫北）8个解放区，把这些地区的武装力量撤到陇海铁路以北地区。1946年4月2日，重庆三人小组代表团与军调处第八小组在广东沙面举行联席会议。经过中共代表廖承志与广州行营主任张发奎唇枪舌剑的斗争，双方才就东江纵队北撤问题签署会议决议。决议认定登船地点：大鹏湾。人数：2000余人（不得超过3000人）。时间自开始调查之日起，至登船之日止，以一个月为限，不得超出。具体决议包括：广东省内的东江以南，东江以北，以及广东北部三地区的中共武装人员2400人（其中包括妇孺300人），在大鹏半岛集中，用美国轮船运到山东烟台登陆。6月30日，北撤人员乘3艘登陆艇（585号、589号、1026号），在一艘驱逐舰的护航下，离开沙鱼涌。经过5天的艰苦航行，顺利抵达山东烟台。后扩大为两广纵队，编入第三野战军战斗序列，参加鲁南、莱芜、豫东、济南、淮海等重要战役。

留下的东纵部队继续坚持武装斗争。1948年3月，广东人民解放军江南支队成立，蓝造任司令员。在中共华南分局领导下，中共香港分局副书记兼广东区委书记尹林平与江南支队决定集中优势兵力，攻击驻守沙鱼涌的国民党军队。7月16日，广东人民解放军江南支队主力向沙鱼涌守敌发起进攻，夺取国民党军队重兵把守的海关，取得沙鱼涌战役的胜利。

在解放战争中，两广纵队同粤赣湘边纵队担负解放广东战役一翼的任务，为解放广东全境做出贡献。

大鹏水贝

大鹏水贝村位于深圳市大鹏新区大鹏街道布新社区，葵南公路在村西穿过。这是一个古老的广府村落，为元代江西欧阳家族迁徙至此而建。清康熙年间编纂的《新安县志》就有水贝村的记载，属新安县七都。清代建有水贝石寨，曾与大鹏所城齐名。后来石寨遭拆毁，现在保存的历史建筑有欧阳氏宗祠、水贝学校、司马第及袁庚故居等，具有一定的历史价值，如今核定水贝老屋（欧阳氏宗祠、水贝学校、袁庚故居）为不可移动文物。

在大鹏东南有一座陶娘山，这里抵惠州界，此山包拱如城，其下海湾可容纳数十艘艟艨停泊，早年海盗倭寇就是在这里盘踞，凭借海岛地形险要，危害四方。水贝村乡耆欧阳景等向海道何公提议，在海湾口垒石，堵塞船只出入停泊。

大鹏有一个径心凹，凹道险隘，监生欧阳铨捐石，砌十余里，邑令汪鼎金有"利及行人"匾额题赠。

原来村里还有一座节孝牌坊，上题"清标彤管"，为欧阳敦忠妻贞女李氏立。李氏18岁，闻讣守贞，清嘉庆五年题准旌表。

大鹏水贝在古代属归善县（1921年归善县改名惠州县），1958年才划归宝安县管辖。大鹏水贝这地方人杰地灵，出了不少名人。

欧阳弘，字任重。明嘉靖二十八年（1549）己酉年，以《春秋》乡试中举。授河南孟县教谕，福建永安县知县。他的一生清操矢节，致仕回乡后，在村外一座官桥的旁边建屋居住，房屋简陋，环堵萧然，仅能蔽风雨。后来，东莞知县杨公造访，欧阳弘年纪八十有一，倚杖将知县迎入家门。知县见他的床是用土块支起，敝席供卧，非人所堪，临别请教，欧阳弘说："清心而已。"杨公肃然起敬，说："谨领教。"欧阳弘逝世，杨知县为之写记。

欧阳礼，清乾隆四十二年（1777）丁酉科拔贡，任吴川教谕。父亲欧阳益友，以子礼，诰赠修职郎。

欧阳洪，清代嘉庆年间（1796—1820），捐州同。父亲欧阳绍天以子洪捐职州同，封儒林郎。

袁庚，原名欧阳汝山，1917 年出生于水贝村，父亲欧阳亨去香港做海员，母亲袁燕是相邻石桥头村人。抗战时期，因为参与抗日，被日本兵追杀，为避祸，改随母亲姓袁。入党后，改名为袁更，中华人民共和国成立初期出国护照上误写为袁庚，一直沿用至今。1939 年他加入中国共产党并加入东江纵队，先后任东江纵队港九大队队员、训练队教官、护航大队队长、情报官、联络处处长等职。1946 年，随部队编入第三野战军，任炮兵团团长。1953 年任中国驻印尼雅加达大使馆领事。1979 年任深圳蛇口工业区管理委员会主任，负责蛇口工业区的开发。当初在为工业区选址时，袁庚最先想到的就是自己的老家水贝村，由于这里交通不便，缺水缺电，后来不得不放弃，选在南头的蛇口。失去为家乡改变面貌的机会，袁庚感到深深的遗憾。袁庚老年回乡，看到大鹏的绿水青山，对当地的负责人说，当年没有把一些工业区落户在大鹏半岛，这样做是对的。袁庚为家乡题词"王母回眸横头岭前飞来三衬石，大鹏展翅七娘山上卷起半天云", 集大鹏地名以为联, 聊表乡土之情。

南澳

南澳位于深圳大鹏新区南澳街道, 这里是大鹏半岛的最南端, 东临大亚湾, 西临大鹏湾, 海岸线长达 65 公里, 与香港隔海相望, 距香港东平洲岛最短距离仅 2 海里。

南澳因其三面环海, 海水特别蓝, 曾被称为"蓝澳", 后以地处大鹏半岛南端, 谐音易名为"南澳"。

这里地处偏僻, 属边境口岸, 是渔港和渔业基地。早在 1949 年以前就与香港有客船来往, 对繁荣市场贸易、方便港澳与内地居民探亲访友起了积极的作用。随着党的开放政策的实行, 香港、台湾及外地渔民遇风避港, 来往交流更加频繁。为此, 深圳市对台贸易就设在南澳。

1984 年, 为了加强行政管理, 加快经济发展, 把南澳镇跟大鹏分开, 新建制为南澳镇人民政府。将原东涌、西涌、东山、岭澳乡改为村民委员会。南澳镇人民政府, 是由原大鹏区的南澳镇(原乡级镇)和东涌、西涌、东山、新大四个乡组成, 镇政府设在南澳镇, 总面积 2.58 平方公里, 辖四个乡、两个渔业村。

南澳湾是全街道居民最集中的区域。位于南澳湾内的渔港和"海鲜一条街"是游人到南澳时必到之处, 对面是香港水域的东平洲、印洲塘小岛, 非常接近香港地域。旧日只有靠狭窄的梅沙公路、葵南公路及葵鹏公路出入, 自盐坝高速公路、雷公山隧道及迭福山隧道建成后, 出入南澳比昔日方便快捷, 由深圳市区前往约四十分钟, 昔日为一个多小时。

南澳辖区海域是深圳著名的海产品主产区，盛产鲍鱼、海胆、紫菜、龙虾等，南澳的海鲜食街远近闻名，海味街向人们展示这里的海产品丰富多样，除海产品外，农产品、各类亚热带水果都可以在这里找到。

西涌位于大鹏半岛东南端，东临大亚湾，西接大鹏湾，三面环山，一面向海。有芽山、新屋、鹤薮、沙岗、格田、西洋尾、南社和西贡8个自然村。西贡有钟氏宗祠、谭公庙。鹤薮、沙岗、西洋尾、南社等有协天宫，每个居民小组都供奉着自己的"公爷"。在庙仔沙滩边有间观音庙，在冲口头有间天后宫，每逢过节社区居民都会去上香祈福。西涌拥有深圳市最长的原始海滩、最完整的自然生态系统，是一块尚未开发的处女地。西涌海滩全长5公里，宽约150米，滩平沙白，海浪轻柔，海水碧蓝，被誉为"深圳夏威夷"，是中国八大最优美海滩之一。西涌有红树林面积达250亩，这片红树林生长茂盛，但始终长不高、长不大，堪称植物界之谜。红树林里，生长着世界珍稀树种——香蒲桃、罗汉松等植物，已被深圳市林业部门列为二级保护植物。

东涌也叫作东冲，位于大鹏半岛的最南端，是深圳最东端的一个行政村，由大石理、木棉树、上围、大围、沙岗、冲街6个自然村组成。村里本地人不到500人。东涌村是深圳唯一不通省级公路的村，村民以养殖业和捕鱼为生。沿海岸风景优美，还没有被大规模开发。

南澳因其三面环海，海水特别蓝，曾被称为"蓝澳"、后以地处大鹏半岛南端，谐音易名为"南澳"。

第十一节

光明区

光明

光明位于深圳市光明区。1958 年，由居住在光明的 7 个原居民自然村的集体土地组建成广东省国营光明农场，是深圳市辖区唯一的华侨农场，也是深圳市安置归国难侨最集中的地区，归侨、侨眷占户籍人口的 25.8%，与原住居民、招调来光明的职工及其家属组成三大群体。这一年，省属光明农场和松岗、公明跨乡建立光明人民公社。1959 年，成立光明（农场）公社。1960 年至 1965 年由广州军区接管。1965 年至 1974 年曾下放给宝安县管理，之后省农场管理局又收回管理。

光明农场自成立以来，在 20 世纪 50 年代至 1987 年，共有来自印度尼西亚、马来西亚、越南、缅甸、泰国等国家的回国华侨 163人。1978 年至 1979 年，居住在越南的华人扶老携幼纷纷回国，4300多名越南归侨来到光明安身立命。由于承担着安置归国难侨的任务，广东省国营光明农场更名为广东省光明华侨畜牧场，并改由省华侨农场管理局管理。1981 年，恢复宝安县建制，光明华侨畜牧场托宝安县管辖。1988 年由广东省下放到深圳市管理，改名为深圳市光明华侨畜牧场。1999 年 10 月 15 日，成立光明街道办事处，隶属深圳市宝安区。原经济实体更名为深圳市光明华侨农场（集团）公司。

改革开放前这个农场主要种植水稻、花生、甘蔗等，长期亏损。1979 年以后，农场充分利用临近经济特区的区位优势，面向深圳、香港市场，积极发展农牧业及其产品加工业，走外向型农业的道路，经济发展迅速，现已建成现代化的大型牛奶生产和鲜奶出口基地、亚洲最大的肉鸽养殖场、现代化的养猪生产线，经济和社会

公明腊肠在宝安西部十分有名气，过年过节人们争相选购，相互馈赠。

效益不断提高。

光明乳鸽被称为"天下第一鸽"，是深圳三大特产之一，因其特有的美味而成为深圳广为人知的美食。20 世纪 80 年代，光明农场从美国引进落地大宝王鸽，建立了全亚洲最大的白鸽养殖场。光明招待所选用中鸽，卤 15 分钟，再以 80 度油温炸一分钟， 外皮焦黄酥脆、肉质细嫩，极具广府特色。

1999 年 10 月 15 日，在光明华侨畜牧场场部，正式挂牌成立隶属于深圳市宝安区的一级政府机构——光明街道办事处，从而结束了农场办社会、管社会的历史。

2002 年，市政府决定进一步理顺光明地区管理体制，撤销"深圳市光明华侨畜牧场建制"，进一步剥离光明华侨农场承担的社会管理职能，由宝安区光明街道履行管理，从根本上解决了农场办社会的问题；同时，将深圳市光明华侨农场（集团）公司更名为深圳市光明集团有限公司，下放给宝安区政府作为区属国有企业管理，实施授权经营。从此，原光明华侨农场管理体制融入地方。

2007 年 8 月 19 日，光明新区正式揭牌成立，光明办事处、光明集团有限公司划归光明新区管理委员会管理。2018 年 5 月 24 日，经国务院批复，光明区成为行政区。由此，光明地区经济社会建设进入了全新的快速发展时期。

公明

公明位于深圳市光明区公明街道，东邻光明街道、福城街道，南连石岩街道，西依松岗街道及沙井街道，北接东莞市黄江镇及塘厦镇，总面积 100.3 平方公里。2015 年，辖公明、玉律、长圳、红星、田寮、甲子塘、塘家、东坑、塘尾、将石、楼村、上村、下村、西田、李松蓢、合水口、薯田埔、马山头、根竹园 19 个社区居委会。其中面积最大的为楼村社区，常住人口最多的为将石社区。

公明最早的墟市是周家村墟。据清康熙年间编纂的《新安县志》记载，明末清初就有周家村墟，它在今深圳市光明区公明街道办将围、石围一带。建于明天顺年间，清嘉庆年间（1796—1820）被废除。周家村墟废除后，就在今天的薯田埔，出现了白龙岗墟，还在罗田建了永长墟。后来，因为几个宗族之间发生纠纷，在楼村武举人陈海神、合水口村麦晓孙的倡议下，于1929年，在合水口村与上村的交界处，按照香港元朗墟的模式，建公平墟，取意"买卖公平"，又叫义和墟（即移和墟）。1931年改名公明墟，取"公道光明"的含义。

1983年7月改为公明区。1986年10月改称公明镇。1993年1月1日，宝安撤县设宝安、龙岗两区，公明属宝安区管辖。2004年7月1日，公明镇改为公明街道。2007年8月19日深圳光明新区挂牌成立，公明自此归光明新区管辖。

公明腊肠在宝安西部十分有名气，过年过节人们争相选购，相互馈赠。据《深圳公明非物质文化遗产》记载：公明腊肠自1955年开始生产，其创始人名叫周山，第二代传承人是张俊华，第三代传承人是陈球兴，第四代传承人是陈灿坤，第五代传承人是陈应中。改革开放前，普通老百姓很难吃到腊肠，那时的猪肉还要凭票购买，腊肠属于猪肉类食品，自然也不例外。当时的公明只有一家食品加工厂，承担着每年生产加工腊肠的任务，每到农历八月十五前15天，厂里的腊肠师傅们便开始加工腊肠。当时没有机器生产设备，一切原料都靠手工制作，腊肠生产的数量很少，销售范围不大，生产加工的时间却很长，一般要延至腊月二十四。改革开放后，沙井、松岗、公明国营肉联厂改制合并，腊肠市场需求量逐年递增，生产规模也在扩大，原来的手工制作变为现代化流水线生产，产品远销国内外。公明腊肠色泽鲜明，味道鲜甜，入口爽适，回味浓郁。公明腊肠的选料非常严谨，从主原料猪肉到配料的选择都严格把关，猪肉为后腿的瘦肉、脊背两边的肥肉，其他配料为酒、酱油、白糖、食盐、调味品等。吃过公明腊肠的人都说，公明腊肠吃起来有肥肉的香味，却没有一点肥肉的滑腻，而且不会一咬肥油四溅。

光明水贝

　　水贝位于深圳市光明区公明街道。据清康熙年间编纂的《新安县志》记载，深圳古时候有三个水贝村，一个在大鹏，属新安县七都；一个在罗湖，也属新安县七都；还有一个在公明，属新安县四都。

　　水贝村在茅洲河上游大沥河的西岸。据说700年前，大沥河发大水，村民在村上方修筑一长堤，把水拦住引开，故名水贝。这个长堤叫下陂头，在合水口村侧，其水由崖岭大江分派，从水贝村前而下，积水灌溉田亩。

　　水贝村居民以陈姓为主。陈氏先祖陈昴由江西石城迁徙而来，最早在水贝开基立村，生了三个儿子。长子九畴随父居住在水贝，次子九思居住在陂头，三子九德移居东莞。

　　清康熙二十五年（1686）四月二十二日，大水。时淫雨连日，西北路燕村、水贝、涌头、黄松岗等处冲决，土寨、民房被冲垮数，不可胜计；居民皆升屋上，缚竹木为筏，浮水而渡，往往溺死；牛畜淹没甚多。

　　清咸丰年间（1851—1861），水贝村出了个陈仙姑。仙姑本名陈端和。当时水贝村的茅洲河河水泛滥，瘟疫盛行，当地群众处于水深火热之中。陈端和年纪虽小，但看到当时惨况，立志要改变村民们长期受疾病侵害的现状，不顾家人的反对，经常到东莞、增城一带求医问药，搜集、整理了许多药方，其中男科、妇科、儿科各100方，还有外科32方、眼科53方，为村民医治了不少流行的痢疾肚痛、感冒发烧等疾病。传说有一河神叫作二河神，每年春夏季节便兴风作浪，使河水汹涌泛滥。陈端和为了惩治大沚河二河神，她升天成仙后向天官诉说了大沚河二河神作恶多端，致使百姓多灾多难，请求天官给予惩治。于是，天官把二河神打入地狱，并封陈端和为大沚河河神，列入仙班，人称陈仙姑。清同治年间，村民自发捐款建起陈仙姑庙。民国时期陈仙姑故事流传极广，"文革"后陈仙姑的故事作为封建迷信产物一度被禁。改革开放后，当地老人在人群聚集地传播陈仙姑的故事。2004年陈仙姑庙建成后，陈仙姑的故事再度广泛流传。

1944年冬，东江纵队政治部为了培养抗日干部，决定由东宝行政督导处（主任谭天度，副主任何鼎华、王士钊）主办，创办东宝中学，名誉校长是东江纵队司令员曾生。校址设在原宝安县的公明水贝村（现属光明区公明办事处下村小学）的三间相连的陈氏宗祠里。1945年2月正式开办，学校开始设置两个班，后增为三个班，学生有100多人，基本上是华侨子女，并利用这个特殊身份进行抗日活动，一直到日本投降，都没有被发现。这所学校的开办为抗日胜利做出了重要的贡献。1945年10月，抗战胜利后，东宝中学停办。

1952年"土改"时，原来的水贝村分为上村和下村。

合水口

合水口位于深圳市光明区公明街道。这是一个古老村落，清康熙年间编纂的《新安县志》就有记载，属新安县四都。清嘉庆年间编纂的《新安县志》中，新安县划为三乡七都五十七图五〇九村，其中，合水口村由三都福永巡检司管辖。

据说 700 年前，大沘河上有一股很大的水源由崖岭大江流入，再与水贝村前的一条溪流汇合，此水流汇合处被称为合水口。

据《麦氏族谱》记载，明朝永乐二十一年（1423），麦南溪迁至合水口村开基立村，至今已近 600 年，逐渐繁衍成为公明最大的麦氏家族聚居地，其后代子孙分布周围各地。

合水口麦氏大宗祠始建于明朝弘治年间，是合水口乃至周边的薯田埔社区、马山头社区、根竹园社区、碧眼社区、白芋沥村等六个社区麦氏家族的总祠。该祖祠现存主体结构为清代风格，并保留了明代建筑布局和部分明代建筑构件，清代早、中、晚期和民国时期，均有维修。宗祠面阔五间，四进深，两塾门堂，门堂后有四柱三间，石牌楼一座，上面雕刻着"宿国流芳""型仁""讲让""入孝""出弟"等字词，正堂上悬挂有"聚英堂"匾额。门前砖墙下半部分用红粉石垒砌，八角形红粉石柱雕龙刻凤，檐口彩绘民间故事，栩栩如生。牌坊上的字记载，曾于民国元年（1912）岁次壬子重修。建筑主体为砖、石、木结构，是一座集灰雕、石雕、木雕和彩绘于一体的岭南风格传统祠堂建筑。其占地面积 1133 平方米，建筑面积 938 平方米，是深圳市现存较大的祠堂建筑之一。

在合水口村侧，原来有一个万福庵。

据清嘉庆年间编纂的《新安县志》卷之十七《选举表》有关于例贡的记载："麦捷魁，合水口人，子岐，孙锦琮。"也就是说，武举人麦岐的父亲，武进士麦锦琮的爷爷麦捷魁是一名例贡。该志钦赐一节载有："麦维询，邑之合水口人，监生，嘉庆十三年戊辰恩科赐副榜。"这说明，当时该村还出了一位名叫麦维询的监生。可见，合水口村在清朝的时候，曾经能人辈出，是当时深圳地区（新安县）一个知名的尚文习武之乡。

楼村

楼村位于深圳市光明区公明街道。古时候，碧头河的上游被当地人称作大陂，发源于亚婆髻、乌石岩，从南往北流到红花山，一个大转弯向西流，经罗田、燕川、塘下涌，从碧头入海。大陂在红花山北面形成了一个河湾，楼村就处在河湾岸边，清康熙年间编纂的《新安县志》就有记载。

楼村在大陂的东岸，与西面的红花山遥遥相对。当时水贝村有一户人家在岸边搭建了一个简易的草棚养鸭。有一名风水师路过此处时刚好下雨，他急忙跑到陈氏养鸭人的草棚里避雨。当晚，陈公杀鸭款待风水师，并让其寄宿在自己的草棚里。为此，风水师十分感激，并好心地对陈公说，此地很不错，可惜至今尚未有人有福分居住此地，何不迁至此以续千秋？陈公凭借多年在此养鸭的经验，也觉得此地的确不错，于是按照这位风水师选择的吉日，建起房屋，从水贝村迁出到此地居住。

楼村是陈姓村落，据陈氏族谱记载，陈氏先祖陈孝显，任北宋节度使，曾两次出使金国，协调两国关系，深得宋徽宗赞赏。后来，陈公被封为镇闽大将军，卸任后长居惠州。陈公生有三子，大子迁居东莞长安，次子迁居樟木头，三子迁居公明水贝村（即今日下村）。明正统年间（1436—1449），水贝村陈氏其中一支迁居楼村，至今已近600年历史。

陈公搬迁过来后家族果然兴旺发达，人人都羡慕，这样好的风水以前却被漏掉了，"漏村"之名不胫而走，意思是漏掉的好村子。后来，陈氏家族认为，"漏"字不太好，就改用同音的"楼"字，有更上一层楼的意思，称为"楼村"，并一直沿用此名至今。

楼村地理位置得天独厚，既是历史上新安、东莞、南澳的咽喉，也是三地经贸必经之路，因而楼村石板街远近闻名。在如今楼村的旧村里，仍能见到数座陈氏祠堂，分别代表着最初从水贝迁来的数房陈氏先祖。虽然祠堂和村里石板街店铺残旧，但大半个世纪前，这里却是商贾云集，热闹非凡。

楼村有一口古井，村里人称为"一眼井"。它在村口进出石板街的必经之道上。旧时，人们确信那"眼"井是村庄的"眼睛"，犹如火眼金睛能镇怪辟邪。古井口宽2米，上小下大，形如葫芦。青苔爬满井壁，却水面如镜、清澈见底。

2004年，在楼村百果园发现了几处元代古窑遗址，这些遗址已具有800年的历史，是深圳目前发现年代最早、保存最完整的瓷窑，也是广东省发现的第一个瓢形窑址，堪称"深圳第一窑"。该古窑长7.15米，宽3.5米，形状呈瓢箪形。窑内目前已出土了大量的瓷碗、盆、罐、碟、盏、盘、钵、壶、器盖等。专家认为，这些出土文物中，最早的有宋代的器皿，而 90％以上为元代的陶瓷器。古瓷窑出土的瓷器与惠州、博罗等地元代古墓中出土的各种元代瓷器，从形制、施釉等方面来看都很相近，很可能这里正是它们真正的产地。由此推断，古窑遗址是深圳最早、规模最大的瓷器生产基地。据考证，窑址所在地楼村的陈氏家族祖先，同样来自江西一带，很可能是当年从江西将造瓷技术带到了宝安楼村。因此，这个古窑对于研究宋末元初深圳移民史具有重要的实物意义。

楼村曾经打造过"中国荔枝第一村"。在城市化以前，村里有 2 万多亩荔枝园，拥有 50 个品种，每年春天漫山荔花次第开放，洁白如云、晶莹剔透，野生花草点缀其间，姹紫嫣红，构成了都市中别有风味的岭南乡村韵致。城市化以后，土地收为国有，成片成片的荔枝树被砍掉了。现在在村外"中华荔枝第一园"长乐亭山顶，仅存一个高 7.8 米的玻璃钢巨型"荔枝"雕塑，这个雕塑还被载入吉尼斯世界纪录。

玉勒

玉勒位于深圳市光明区玉律社区，原是新安县三都玉勒村，古时候以汤泉闻名。清康熙年间编纂的《新安县志》卷之三《地理》中记载："汤井，在玉勒村，水温暖如汤，能疗疮疾；秋冬，泉有烟气，海防周希尹命砌以石。"

明代东莞县的名士陈琏写过一首《汤泉》诗："泉脉发山椒，腾沸不可触。何如华清宫，温温净如玉。"这个温泉的温度很高，最高温度达 67.3 摄氏度，当地人一直将它作为"烹潭之所"，人称烫湖珑或汤湖。泉水里含有锂、碘、硼等元素和硫化物，属苏打碳酸型温泉，对治疗皮肤病、风湿病及消除疲劳有特殊功效。陈琏也慕名而来，可惜水温太高，无法领略泡温泉的乐趣，于是写下这首五言绝句，收录在康熙《新安县志·艺文志》里。

明弘治十三年（1500），新桥曾氏家族的曾应富（德贵）来到这里，看见好山好水，便定居立村。

玉勒本来是指玉饰的马衔。玉勒金鞍古时形容装饰贵的坐骑，该词来自北周庾信的《三月三日华林园马射赋》："控玉勒而摇星，跨金鞍而动月。"明代洪楩编刊的宋元小说《清平山堂话本》中的《简帖和尚》，其入话部分讲述咸阳宇文绶与娘子王氏的"错封书"故事，说宇文绶做了支曲儿，唤作《踏莎行》：

足蹑云梯，手攀仙桂。姓名高挂登科记。马前喝道状元来，金鞍玉勒成行缀。

宴罢归来，恣游花市。此时方显平生志。修书速报凤楼人，这回好个风流婿。

这首《踏莎行》在宋元市井民间广为流传，反映了当时百姓对于功名富贵的理想追求和审美趣味。

明万历九年（1581），广州府海防同知周希尹率兵追剿海盗路经新安时来此察看，见湖水温暖如汤，认为要加以保护，便让人在泉眼四周筑石成池，成为"汤井"（汤池）。

后来，玉勒改名为玉律，据说是按"玉学麒麟，律法至上"而取村名。其实，玉律也该写作郁律，意思是烟雾蒸腾的样子，出自郭璞《江赋》："察之无象，寻之无边，气潏渤以雾杳，时郁律其如烟。"

这个汤泉的名声还是越来越大，明末清初的著名学者屈大均将这个温泉列入广东名泉记载在《广东新语》里："新安有汤井，在玉勒村，秋冬常有烟气。"清初，汤泉还是被命名为"玉勒温泉"，被列入新安八景之一。

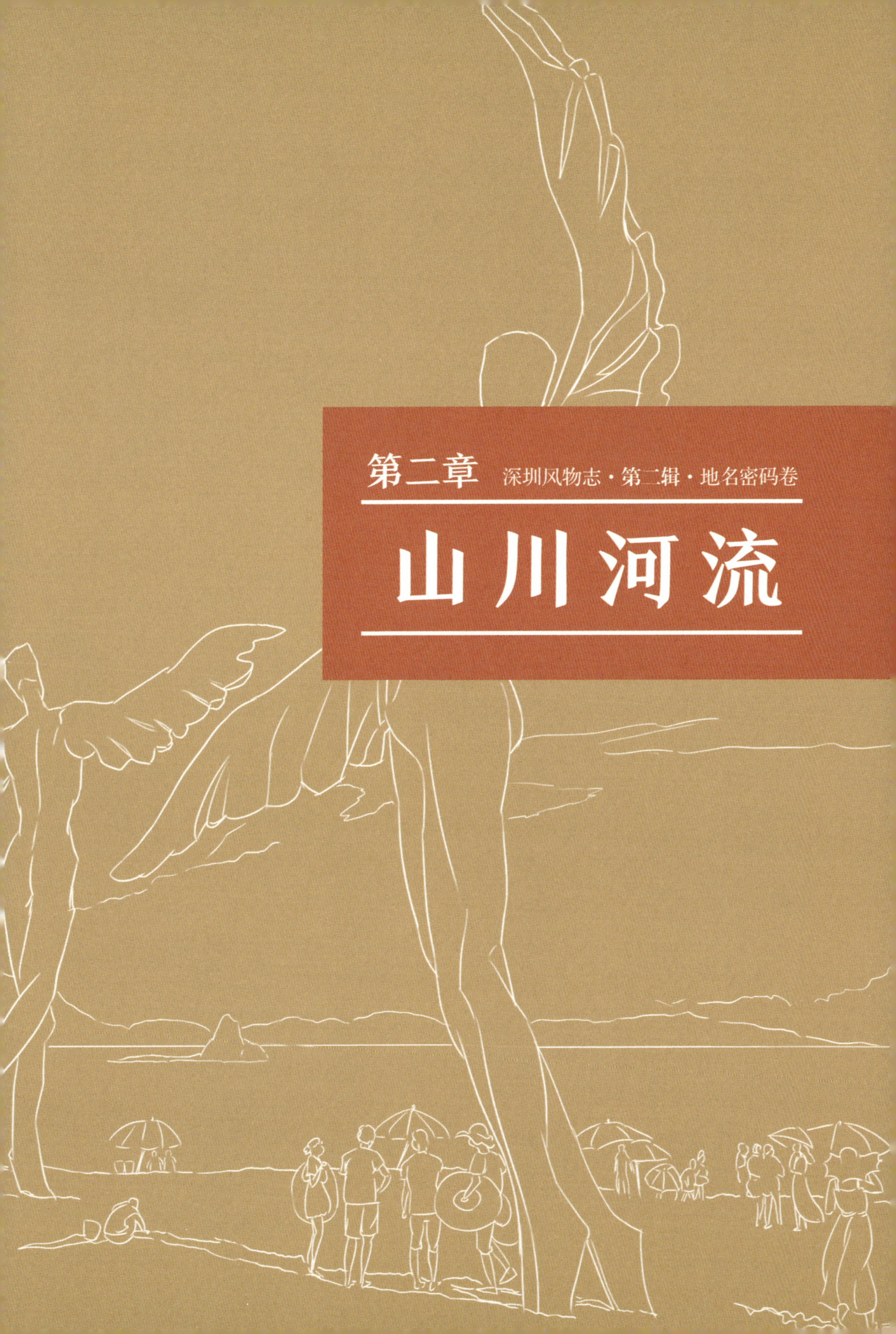

第二章　深圳风物志·第二辑·地名密码卷

山川河流

地名密码卷

山川河流

第一节

山

梧桐山

梧桐山是深圳市最高的山，它雄踞市中心区东部，三峰秀拔，周匝数十里，终年郁郁葱葱，动植物生态保护完好，是个天然大氧吧，是深圳人爬山的好去处。据清康熙年间编纂的《新安县志》记载："梧桐山，在县东六十里，三峰秀拔，周匝数十里，山阴垂距东洋，山阳延袤境内，顶有天池，深不可测；多梧桐异草，山下有赤水洞。"

梧桐山的名气可不是如今才有的，自古就是这个地方的一座名山。不管是东晋以降的宝安县，还是唐代以后的东莞县，抑或明代万历元年新建的新安县，都有梧桐山的记载。《新安县志》说梧桐山是"邑之祖龙也"，是风水里的来龙之所。梧桐山分大梧桐、小梧桐。大梧桐为主峰，海拔高度 943.7 米，高峰插天，峭拔如笔。梧桐山是登高的好去处，登上山巅，极目远眺，海天一色，山峦起伏恰似苍龙飞舞，深圳湾尽收眼底。

经深圳市植物专家多年的详细调查，在梧桐山没有发现植物分类学意义上的梧桐、悬铃木（法国梧桐）、沧桐或油桐树，而是分布着大面积的"鬠藟"。鬠藟又名"包里桐"，其形容酷似梧桐树，当地人称之为"桐子树"，并将此山命名为"梧桐山"，延续至今。

据说梧桐山中的奇珍异草有很多，如茏葱竹和龙须草，人们都争着把它们当宝物。茏葱竹又名龙公竹，产自罗浮山，是一种巨大的竹子，据说其直径有七尺许，每节长度有一两丈，竹叶有芭蕉叶那样宽大，曾经有鸾凤飞来栖宿。由于茏葱竹长在人迹罕至的深山老林中，人们只是听说过这种竹子的名字，很少有人见到过其真面目。

龙须草是一种空心圆秆的野山草，性喜阴湿，多生长于高峰悬崖的石缝中，一年四季青翠碧绿，一丛一丛好像须发倒挂在层峦叠嶂之间。相传这种草与轩辕黄帝有关，据说轩辕黄帝丹成得道、乘龙升天的时候，许多侍臣一齐上前揪住神龙的胡须不放，无奈神龙挣脱了众人，升天而去。人们苏醒过来时，早已不见了轩辕黄帝，但人人手里都有一把揪断了的龙须。后来龙须落地成草，人们就叫它龙须草。龙须草长达一米，是一种很理想的纤维材料，古时候人们用它来搓绳、打草鞋、造纸、编蓑衣。龙须草晒干后，还有药用价值，性味淡、寒，有利尿通淋、清热安神的功效。

更珍奇的山中植物非梧桐树莫属。梧桐树的枝叶宽阔浓密，其花有如紫色祥云。相传梧桐为树中之王，是灵树，能知时知令。而凤凰是百鸟之王，品性高洁，非梧桐不栖。古时人们常常用凤凰择木而栖来比喻贤才择主而侍。梧桐的花是紫色的，在郁郁葱葱的枝叶间绽放着生命的色彩，绚烂明媚。

梧桐山山高林密，主峰山泉汇入天池，池内深不可测，泉水积万年草木之精华，药用价值极高。天池水顺谷而下形成了壮观的瀑布群，每逢春雨时一泻百米，声如洪钟，激起千层浪，散出万束雾花，异常震撼。天池水注入龙潭，潭底有一小洞，内藏珍贵的金尾娃娃鱼和山龟。龙潭水流至龙珠山汇集八条谷渠水而形成深圳河，风水先生称此地为"九龙戏珠"的风水宝地。梧桐山上有一块试剑石和磨剑石，比苏州虎丘的试剑石大20倍有余。其下一棵情人树，由九棵古树古藤盘缠而成，树下一把仙人椅。

在麻水凤，还能见到一条百年古道。这应该就是明清时期的盐田径。据清嘉庆《新安县志》记载："盐田径，在梧桐山腰，大石砌结，宽一丈许，延亘十余里。相传元季邑人萧观庇创造，有碑记，岁久湮没，至今称亭子步。"这是古代罗湖到盐田、大鹏的必经之路。

在梧桐山北有白面石岩，岩中空阔，大者如屋，小者如仓，岩外有水，昔人常避寇于此。在梧桐山下有赤水洞，泉出赤水。

梧桐山有瀑布、奇石、古树、翠竹，其奇景、绝景令人叹为观止。

羊台山（阳台山）

阳台山是羊台山的旧称，因"山巅之南稍平，形若几案"得名。据清嘉庆年间编纂的《新安县志》记载："阳台山，在县城北三十里，高耸青冥，顶有龙潭，祈雨即应，山下有祇园庵，由梧桐发脉，为县城座山。"清雍正《广东通志》记载："阳台山，在城东北三十里，高约二百丈，横亘五十里，山巅平衍，形若几案，为邑治后山。"

"座山"也好，"后山"也罢，都把羊台山作为县城的靠山，或称之为祖山。据《山法全书》所载："太祖少祖是辨大地之用，祖宗山是辨中地之用，父母山则是小地之用也。"而"太祖者，最高之山，为一方发脉之祖，群龙之所从者是也。大者为一郡之主，或数邑之祖，两旁必有两大水夹之。……少祖者，自太祖分落之后再起大山，作此方诸干支之祖是也"。

在"野芳发而幽香，佳木秀而繁阴"的羊台山上有许多引人入胜的自然人文景观，瀑布可称为其中一绝。从羊台山东部的赖屋山水库登山，约一公里处有一条奔泻直下的瀑布，宽五六米，水汽氤氲，气势不凡。瀑布从十多米高处跌落，溅起银色浪花，下聚一湾深潭。沿着这条溪流前行，可见大大小小十数处瀑布，环境清幽。

巴黎洞位于今石岩街道西南的羊台山南石燕谷。谷上端有座石燕岩，岩下有个大山洞，谓之巴黎洞。此洞口窄腹宽，最宽处相当于四十余个蔽所，曾住过一个营的人。解放战争时，解放军曾在此设指挥所和医院，有"会议厅、地下礼堂"之称。洞中还有一股清泉。解放战争胜利前夕，解放部队在撤离"巴黎洞"时，曾用利刃在洞壁上刻了一首诗："生命据点巴黎洞，悬崖峭壁当英雄。莫谓无情黄鹤去，扫清近敌再重逢。"此诗在"文化大革命"时被凿毁。

咬圆笼洞是石岩境内羊台山与冷水坑之间的一个石洞，四周草木茂盛，洞中有一口井，井水可以饮用。传说有一年春节期间，羊台山人为躲避元兵，藏于此岩洞中。元兵将两匹战马拴于岩洞顶上，被杀退后却来不及把战马牵走。洞中之人听到马蹄声未停，以为元兵未走。村民带去的圆笼粄（年糕）吃完了，眼看人们饥饿难耐，洞中一长者自告奋勇出去探听，证实元兵已退，于是牵着两匹战马回村去了，岩洞遂被命名为咬圆笼洞。

石笼鸡岩洞位于羊台山北侧的一个山谷中，离龙眼山村仅二里地。岩洞由两块巨石并成，周围还堆积有许多大石块，洞深十米，宽六米，断面呈三角形，内有其他小洞，四面山势险峻，荆棘密布，只一小道可出入。抗日战争时期，甚有才学却在广西宦途失意的吴化明曾隐居于此，给东纵游击队很大的支持。许多东纵领导曾在此活动过，还有十多位东纵伤员隐蔽于此养伤。

石鼓石位于羊台山西北侧山坡上，下为龙眼山村，于村中可见。其石较圆，上平似一石鼓，势若将军击鼓远征。

人仔石位于羊台山西侧龙眼山村村后八十余米处山岗的梅林

中，高约五米，上呈人头状，似人藏于山岗引颈张望。

羊台山下是客家人居住地。抗日战争期间，羊台山是广东人民抗日游击队第五大队（后为东江纵队）根据地。1941 年 12 月，太平洋战争爆发，游击队从日寇占领下的香港境内救出茅盾、邹韬奋、何香凝等数百名中外闻名的文化界人士和爱国民主人士，并将其安全转移、隐蔽到羊台山，此即为历史上著名的"香港大营救"。从此，羊台山有了"英雄山"的美誉。20 世纪 90 年代中期起，羊台山成了热爱登山的深圳市民休闲健身的好去处。石岩镇政府从 1997 年起连续举办了 20 多届重阳登山节活动，每次均有逾万人参加，该活动也成为羊台山一张亮丽的名片。

大髻婆山

大髻婆山，又名亚婆髻山，位于石岩街道和公明街道交界处，北面玉律村，西面洪田火山，东濒石岩湖。据清康熙年间编纂的《新安县志》记载："大髻婆山，在县北二十里，近阳台，形似大髻，因名，题咏甚多。"山峰两端微隆，状若人肩。顶峰有一圆形巨石，酷似古代妇女的发髻，故名"大髻婆山"。

清末张其淦编辑《东莞诗录》，该书卷九收录了明代诗人李绍兴的《大髻婆山》：

何代犹遗一阿婆，巧梳高髻耸巍峨。

雨馀新理膏油腻，花发浓妆珠翠多。

煮海烟生疑执爨，采樵人唱讶悲歌。

望中咫尺阳台路，云雨不成知奈何。

相传古时候，玉律村住着一对恩爱夫妻，男的叫阿山，女的叫思君。岂料祸从天降，新婚不久，一伙官兵把阿山强拉去充军。思君悲恸欲绝，每天午后都爬上山岭等自己的丈夫，望穿秋水。为了寄托思念之情，每过一年，思君便在发髻上插上一枚铜簪，一共插了44枚。她61岁那年，终因思念情切，带着遗憾长眠在山顶上。乡人哀而敬之，将这座山取名"大髻婆山"。

山上林木葱茏，奇石突兀而立。山顶有一山洞，洞宽约两米，深约四米。洞的背面又有一洞，深不可测，里面有一个可容六七十人的洞厅，中有一石，有水滴到下面一石碗中，奇怪的是水满而不溢，名曰"油炸滴水"。其实是碗底有石隙，水沿石隙渗入地下。据闻，从前村民会在农历正月十五、三月三和七月七这三天爬上大髻婆山，到"七云梯洞"里烧香祈愿。洞内石刻"七云梯"三字，据说是500年前留下的凿迹。

穿过"七云梯洞"，石岩湖尽收眼底。湖坝下面是玉律温泉，传说是思君的热泪化成的。数百年前，村民就喜欢用温泉水沐浴。《新安县志》曾记载着泉水的温度："好事者以丝系巨蟹投其中，少顷出之，蟹跪尽赤，若烹炙然。"（今张一兵校注本《新安县志》无此语。）

如今，各种小树、青藤、荆棘遍布大髻婆山，这里清静宜人，空气清新，翠树成林，鸟语花香，是个天然"大氧吧"，也是玉律社区的后花园。

茅山

凤凰山，古代称为茅山，20 世纪 80 年代，因山在福永凤凰乡而改称凤凰山。据清康熙年间编纂的《新安县志》记载："茅山，在县城西北四十里，两峰峭秀。"清雍正《广东通志》："茅山，在城西北五十里，高七十丈，延袤三里，有大茅、小茅，两峰峭秀。"

茅山北面有一个支脉，当地人称它为飞云岭。在飞云岭南侧的山腰上，有一些巨大的石头堆在一起，中间空如堂室，这就是有名的凤凰岩。据《新安县志》记载："凤凰岩在茅山之北，巨石嵯峨，广数丈，洞彻若堂室，传昔有凤凰栖其内。"

凤凰岩三面环山，一面临海。在凤凰岩的旁边还有一座古色古香的寺庙。据清同治十三年（1874）《凤凰岩古庙重修序》载："原凤凰岩观音庙者，元初时，三世祖应麟公所建也。"文应麟是文天祥的侄孙，因为不满爷爷文天璧降元的行为，从惠州迁来，隐居在此山下，终生没有进过县城，誓不与当时的官府来往。他曾在大茅山巅建了一座望烟楼，每当傍晚炊烟袅袅升腾，他便登楼眺望，要是见到谁家的烟囱没有冒烟，便立即派人背着粮食去救济。有一次，文应麟在往回走的时候，经过凤凰岩，看到这里地势奇特，山岭峻秀，奇石多姿，便打算在这里修一座庙来纪念伯祖父文天祥。为了掩人耳目，他对外人说观音托梦叫他在凤凰岩修一座观音庙，于是筹资修建了这座庙，明面上是供奉观音老母，暗地里则是纪念文天祥。据庙中碑文记述，古庙"创建以来，遐迩人士游玩，置礼谒惟虔，由来已久。更有骚人墨士，吟山咏物，多著诗章；名师宿儒，讲学授徒，长留教泽"。在这里开坛讲学的老师有蔡玉田、文德华、蔡榕蒲、陈肃山、陈上林、曾泰中、庚宝所、文星桥等人。古庙历经清乾隆、嘉庆、同治与民国期间的多次重修。澳门佛教总会会长泉慧长老年轻时就曾在此住持，山门牌坊横额有民国十五年（1926）题刻，正面为："普门示现"，背面为："要渡自渡"。

凤岩古庙坐落在凤凰岩右边的空地上，后背云顶鳌峰，前拥珠江龙穴，祥气氤氲，芳林郁郁。它的左边有"烟楼晚望""鸡心修竹""石乳清湖"；右边有"莺石点头""净瓶洒露""长寿仙井"；前可聆听"松径风琴"之韵律，后可览"云顶参天"之奇观，这凤岩八大奇景众星捧月般紧紧地环绕在古庙周围，山岩上刻满历代文人墨客的诗词。

2006年，为贯彻落实市委、市政府提出建设"优美宝安"的指示，宝安区委、区政府把建设凤凰山森林公园作为"优美宝安"建设的重点民生工程，投资1.2亿元，于2007年底完成凤凰山入口广场、沿溪登山步道、步福古道、盘山公路等一期工程项目建设，并于2008年1月底正式开园。改造一新的凤凰山森林公园分为游览区、服务区等四大功能区，共有凤岩古寺等7个景区28个景点。改建后的凤凰山郊野公园不但保留了原有的山形地貌等自然景观，同时增设了电子眼、景观灯、背景音响等现代化设备，市民在此可观景、爬山、垂钓，体验回归自然的乐趣。

凤岩古庙旧登山道全长约845米，一期工程拆除了原登山道石板，把原1.5—1.8米的登山道拓宽至1.8—2.2米，沿主线设999级麻石台阶，每级台阶靠外侧刻一"福"字，形成祈福台阶，寓意为"福永存人长久"。沿途有文狄古墓、圣水灵泉、半山亭、步云亭等景点。

2010年12月29日，凤凰山森林公园二期工程正式完工。六条登脊线总长5830米，将各山脊线与各入口区连接起来，形成叶脉状立体登山系统。第一条登脊线起点位于主入口莲花池，长约1.6公里，是一条人行为主，应急、管理车行为辅的登山健身道。第二条登脊线起点位于凤岩古庙，长约650米，由被游人踩踏形成的土路改造而成，是登顶游人最多的登山道之一。第三条登脊线起点位于西乡黄麻布入口景区，长约950米，在观景较好处设有一观山台。第四条登脊线起点位于西乡黄麻布入口景区，长约980米，设有"万蝠洞""石乳清泉"等景点。第五条登脊线起点位于海拔110米处的沿溪步道，为一期沿溪步道的延长段，长约700米，接大茅山现有登山道直通望烟楼。第六条登脊线起点位于龙王庙，与次山脊游览线、"龙凤呈祥"观景台相接，总长约950米，宽1.8米。其中300米由破旧登山道改造而成，650米为新增浏览线。6条登脊线都位于凤凰山人文、历史、奇石、宗教核心区，是现有登山道系统的补充和延伸。

凤凰山森林公园是深圳市八大区域绿地之一，公园所处区域经济发达，人口稠密，公共绿地缺乏，该项目的建设对改善区域生态环境、保障生态安全、构筑生态文明有重要意义。二期改造工程竣工后，凤凰山森林公园将以其深厚的宗教文化内涵和历史底蕴、丰富的民间传说、独特的自然景观吸引大量的海内外游客。

大南山

大南山位于深圳市南山区，屹立在南山半岛南端，距离南头古城七里，是东晋咸和六年（331）到隋代初年东官郡和东莞郡的朝山。据《新安县志》记载："南山，在县南七里滨海，上有双石塔，有观音院，有石，似仙人足，乡人多祈雨于此。"以前山上有两座石塔和一座观音院，还有像仙人足的大石头，如今这些景观已无迹可寻。

天后庙位于南山山脚下，修建于宋末，重建于明代，面宽23米，进深43米，为三间三进的建筑结构，现存前殿、围墙、后殿及古井等。后殿进深11.5米，主殿祀天后，灵牌上书："护国庇民天后元君之神位"，其对联为："自宋迄今八百年来昭圣迹，由闽而粤三千里内著神灵。"

天后庙又叫春牛堂，是深圳重要的古代仪典旧址之一，由每年打春仪式都于此庙举行而得名。据清康熙年间编纂的《新安县志》记载："鞭春，立春前一日，有司以土牛、芒神，迎于南山下，次早鞭春。"立春是每年的第一个节气，民间又叫"打春"。鞭春牛源于周代《礼记·月令》中的"出土牛，以送寒气"之说。土牛，即泥土所制的牛。这一活动自汉代起固定于立春之日，其后历代都有关于制土牛的记载。每年皇帝都要在立春时，赴先农坛祭祀，并象征性地亲自扶犁耕地，以示劝农，迎春气而兆丰年。地方官府亦在立春时举行相应的活动，以代御亲耕。立春前一日，新安县要举行隆重的迎春活动。知县率官员到南山下，将事先制作好的芒神、土牛迎回城内，抬到县衙的仪门外安放。次日早晨，将土牛、芒神抬到城外南山乡的天后庙。立春时辰一到，县官击鼓三下，各官执彩杖围着土牛走，鞭打土牛三下。

对居住在这里的人们来说，南头曾是县城和郡城所在地，三面环山，一面临水：以梧桐山为祖龙，由它发脉而来的阳台山为座山（靠山），南山为朝山，深圳湾为大明堂，形成艮山坤向、北山南水的格局，确实是一块难得的风水宝地。

莲花山

　　历史上，莲花山曾分属三个村，也有三个不同的名称：莲花山顶以南属岗厦，岗厦村民称莲花山为大王岭；山的北坡分属上、下梅林，上梅林村民称其为莲花梁，而下梅林村民习惯称之为九江垅。

　　莲花山是一个重要的制高点。抗日战争时期，日军占领深圳后，曾在莲花山上建了一个炮台来攻击东江抗日游击纵队。深圳解放后，为了保卫边防，1952 年，解放军工程兵也在莲花山上修筑了军事设施，并在三个不同的名称中选取了既通俗易懂又朗朗上口的一个，略加改动，在地图上正式标上了"莲花山"这个名称。从此，莲花山就有了现在这个令人浮想联翩的美丽称谓。

　　莲花山主峰建有 4000 平方米的山顶广场，中央矗立着改革开放总设计师邓小平的塑像，塑像高 6 米，基座高 3.68 米，重 7 吨，为青铜铸造。2000 年 11 月 14 日，江泽民为铜像题字并揭幕。数十位党和国家领导人先后前来视察参观，"莲山春早"被选为深圳八景之一。

　　莲花山在深圳市民中心的中轴线上。东部和东南部的草坪广场，是市民、游客假日周末放风筝、放松心情及休闲娱乐的场所，市民聚集在这里放风筝已形成深圳市的一大人文景观。南部椰风林草坪以草坪、棕榈科植物为主，具有热带、亚热带风情。在公园南坡植有一万多株凤凰木，当夏天来临时，凤凰花开，满山红遍，是莲花山也是深圳市的非常壮丽的自然景观。

大鹏山

大鹏半岛地区山脉连绵，山高林密，人类活动相对较少，存有大面积的灌丛、灌草丛、刺灌丛植被和较为集中的动物资源。大鹏山又名七娘山，位于大鹏半岛南端的南澳镇新大村，三面环海，主峰海拔 867.4 米，是深圳市内仅次于梧桐山的第二高峰。古人认为此山自罗浮来，状若鹏举，是大鹏所城的镇山。据清康熙年间编纂的《新安县志》记载："大鹏山，在县东一百二十里，大鹏所镇山也；一名七娘山，传昔有仙女七人游此，以其如鹏踞海中，故名。"传说有七位仙女云游于此，观其美景，不愿返回天庭。玉帝闻知，急召雷神追击，她们却誓死不从，执意留在人间，天帝发怒，遂使其变成了七座山峰，得名七娘山。

七娘山中森林茂盛，保存着未遭人为破坏的常绿阔
叶林。七娘山雨量充沛，云雾易于形成，山峰在无
边无际的云海中穿梭，景象瞬息万变。

山上七座山峰错落有致，山势险峻雄伟，山中多奇峰异石、岩洞、山泉、密林，拥有丰富的野生动物资源。七娘山中森林茂盛，保存着未遭人为破坏的常绿阔叶林。七娘山雨量充沛，云雾易于形成，山峰在无边无际的云海中穿梭，景象瞬息万变。

七娘山附近还有山峰数座，其中大雁顶（796米）最有名。从七娘山山顶一直沿山脊东行，过磨朗钩（791米）、黄豆田、正坑尾至大雁顶，约需5小时。自大雁顶可往东南方向沿山脊经尖峰丫、羊公秃、牛湖坳、背夫坳下行至耕棚，再往东北可到深圳最东端的海柴角。

七娘山没有受到第四纪冰川的直接影响，具有华南沿海独特的滨海地貌景观。在七娘山西北部，石块因受海浪长期冲蚀，形成以"海蚀柱""海蚀穴""海蚀凹槽"为代表的海蚀石群，具有较高旅游观赏和地质学价值。在抗日战争时期东江纵队曾在山北鸡公秃村办兵工厂，并在山下种过粮食。

第二节

河流

▲

深圳河是深圳和香港的界河，全长 37 公里，流域面积
312.5 平方公里，其中深圳一侧 187.5 平方公里；香港
一侧 125 平方公里，占总流域面积的四成。

深圳河

深圳河是深圳和香港的界河，全长 37 公里，流域面积 312.5 平方公里，其中深圳一侧 187.5 平方公里；香港一侧 125 平方公里，占总流域面积的四成。1960 年编印的《宝安县志》（油印本）载："深圳河，又名清河，因河上游植被较好，草木茂盛，河水清澈而得名。主流发源于布吉伯公坳，它汇合了发源于梧桐山的沙湾河和发源于打石坪的布吉水两支流而从深圳出海。"

深圳河古称滘水河。清康熙年间编纂的《新安县志》就有关于深圳河的记载："滘水，在城（南头县城）东四十里，发源于梧桐、莆隔、龙跃头诸山，西流曰钳口河，北出曰大沙河，二支分流，至滘山合流而西，曰滘水，经横岗山，逶迤四十余里，入后海（今深圳湾）。"

深圳河有两条一级支流，一条发源于平湖上木古村和布吉甘坑村交界的牛尾岭（海拔 214.2 米），山不高，却是东江水系和珠江水系其他干流的分水岭。牛尾岭东坡的小溪汇入东江水系，牛尾岭西坡的河流汇入深圳河的支流布吉河，西南坡的汇入深圳河的上游沙湾河。第二条一级支流分为两条二级支流，一是发源于梧桐山（海拔943米）南麓的梧桐河，二是流经香港境内上水河、木湖和新田河，经打鼓岭转入深圳河的、文献中所说的钳口河。打鼓岭就是滘山。滘是广东方言，指分支的河道。滘水河后因流经深圳墟入海改名深圳河。

1898年6月9日，中英签署《展拓香港界址专条》，以深圳河为界，将从深圳湾到大鹏湾的九龙半岛全部租与英国，为期99年，自此深圳河成为中英双方的界河。1949年6月起，港英政府在新界边界地区实行宵禁。1949年10月19日，宝安县深圳镇和平解放。1951年5月25日，港英政府再扩大宵禁区域，同年6月15日，又颁布《1951年边界封锁区命令》，宣布在新界边界地区实行封锁，进入封锁区内者，必须持有港府发绘的"派司"（通行证）。

为加强边防管理，1951年2月15日，广东省公安部门宣布实行边境管理，往来旅客须凭公安部机关签发的《出入境通行证》通行。从此，深圳河两岸居民不能自由来往。

深圳河水从两岸村庄之间流淌而过，各家的田地交叉分布在河流两岸，为此，深圳边境村民们经批准办理边境耕作证件，每天蹚过界河到对岸的香港新界农田耕作。

茅洲河

远古的时候，茅洲是河流冲积而成的海滨沙洲，在这里适宜沙地的茅草到处疯长，高大的香茅随风摇曳，蓬松的芦花在金色的秋风中怒放，是各种各样水鸟的天堂。人们称这块地方为茅洲，流经这里的河流也就叫茅洲河。

现在的茅洲河被人们看成是东莞和深圳的界河，其实是一个历史的误会。以前的茅洲河，没有现在的长，据清代嘉庆年间编撰的《新安县志》记载，茅洲河发源多处，其中主要有两处：一处是南面的凤凰岩（今福永凤凰山），另一处是北面的大头岗。两条支流在新桥村北面合流，经茅洲墟，流入合澜海。合澜海是指虎门外珠江口的水域。茅洲河的长度仅有十里许。

原来在北边还有一条碧头河，发源于羊台山、大平障山（今大屏嶂山，在东莞黄江）、樟阁山、莲花径等地，经燕村（今松岗街道燕川村）、涌头（今东莞长安镇涌头）、周山（古村名，已消失），从碧头（今松岗街道碧头村）入海，长五十余里。后来和茅洲河合流，统一经东宝河，从沙井的水浸围入海。随着茅洲河两岸围海造田，河口处逐渐形成了十多公里的人工河道。这段人工河道的南岸属宝安县，北岸属东莞县，人们称之为东宝河。由此可见，现在人们所说的茅洲河，实际上就是古时候的茅洲河、碧头河和东宝河的统称。

茅洲河的落差很大，有 480 多米，上游河水湍急，河口日益狭窄，加上海潮的顶托，极易造成雨涝灾害。20 世纪 50 年代，市政府先后修建罗田水库、红凹水库、横坑水库、夹红坑水库和石岩水库等 10 多个水利工程，大大地减少了洪涝灾害的发生。

步涌地处茅洲河的南岸，在明清的时候叫大步涌。涌是河涌的意思。步与埠相通，是码头的意思。唐代韩愈在《柳州罗池庙碑》

中写道："宅有新屋，步有新船。"柳宗元《铁炉步志》："江之浒，凡舟可縻而上下者曰步。"宋代吴处厚在《青箱杂记》中讲得更加明白，他说："岭南谓村市为墟，水津为步。"可见，步涌是指有码头能上下船的河涌。

在步涌上游三四里的地方就是茅洲墟。早在宋代时，这里就是热闹的码头。归德盐场的盐民们将煎熬出来的盐运到茅洲内港埠头，兑与水客。明代时这里出现了墟市。明清时期，官府曾在茅洲设长河渡，通往东莞和省城广州，来往的盐船、渡船都要经过步涌。

茅洲河从步涌的北面蜿蜒流过，在步涌村北偏西方向距离一里的地方，就是茅洲河的下渡。沿着村前的道路往东北方向走，经过大田村和后亭村，就来到了茅洲河的上渡。这两个渡口都是所谓的横水渡，船只来往两岸，便于人员和货物过河，是沙井、福永一带到松岗、燕川、罗田、大岭山、大朗等地的必经之地。这两个码头直到几年前都还在使用。

第三节

海 海湾

合澜海

珠江与其他大江大河不同，入海口众多，有八大口门，其中流经虎门的水道，无论是径流还是潮汐都有最大的流量。这个河口湾现在统一叫伶仃洋。而在古代，伶仃岛以北叫合澜海，以南叫零丁洋。

合澜海是一个历史地名。据清康熙年间编纂的《新安县志》记载："合澜海，在县西北八十里，福永司之左。"具体位置在沙井、福永、西乡西面的那一片海域。合澜海北通西江、北江和东江汇成的狮子洋，南与零丁洋相连，直通浩瀚的南海。这里水域宽广，滚滚而来的波涛在此汇合，所以叫合澜海。

新桥一带也有多条河流注入合澜海。一条是茅洲河，清康熙年间编纂的《新安县志》记载："茅洲河，在县西四十里，发源大头岗、凤凰岩诸处，至新桥之北十里许合流，经茅洲墟，入合澜海。"一条是碧头河，清康熙年间编纂的《新安县志》记载："碧头河，在县西北六十余里，发源阳台、大平障、樟阁、莲花径诸处，合流经燕村、涌头、周山，五十余里至碧头河，入合澜海。"还有一条是新桥河，清嘉庆年间编纂的《新安县志》记载："新桥河，在村之西，由凤凰山逶迤而下，环绕村前，势如长带，直注永兴桥。会茅洲、碧头河，直出合澜，每日有两潮消长。"

合澜海的东边有合兰洲，西边有龙穴洲。合兰洲又写作合澜洲。清康熙《东莞县志》记载："龙穴洲，在城南海中，《旧志》：有龙出没其中，春波澄霁，蜃气结为楼观，城市人物、车盖往来之状，人常见之；宝安八景所谓靖康海市即此。上有三山石穴，流泉在咸海中，味独甘美，番舶回者必汲之。对面有合兰洲。"

合澜洲在合澜海的东边，这里多蜃气，盛产兰草，所以称合兰洲。明朝有一位当地的诗人陈仲弘写了一首六言绝句《合澜洲》，收录在明崇祯《东莞县志·艺文志》里："万派清源会合，千层巨浪春撞。洲尾船航个个，波心鸟影双双。"诗人通过清源、巨浪、船航、鸟影等景象，为我们描绘了一幅波涛汹涌、千帆竞发、水鸟飞翔的壮阔海景图。

合澜海的东部海湾，从东莞的虎门、长安到深圳的沙井，海岸线呈弓形，由于珠江和茅洲河的冲积，海中形成交椅形的沙洲，当地的蚝民叫它交椅湾，这里曾经是广盐的主要生产基地。在海湾的北岸，东莞虎门和长安一带，有靖康场。据《靖康谱》记载，西晋惠帝(司马衷)元康元年(291)在此地建盐场。至宋开宝五年(972)，靖康场西自双岗沥口，东接新安（今宝安），迤逦数十里。据《元大德南海志残本》记载："靖康，古盐场也，其土广漠，其水斥卤，其民皆灶户，十口之家，十人熬盐，百口之家，百人熬盐。"

在海湾的西岸，有归德场。北宋初年设置归德盐栅。北宋后期，归德盐栅升格为场。南宋时，盐场衙署位于沙井衙边村附近。现在该村还保留有一座南宋的龙津石塔，为宋嘉定年间盐大使所建。明初归德场盐课司管辖十三社，后增设三社，共计十六社：新桥、大步涌、冈头、涌口、附场、大田、信堡、后亭、涌头、仁堡、义堡、礼堡、智堡、鼎堡、永新、伏涌。全场原额人户一千四百五十二户，人丁三千八百三十三丁，共有征无征、大引折小引丁税盐八千四百一十八引。清初，归德场共办盐人丁一千五百九十人，征丁税银共一千一百四十七两。清乾隆三年（1738），东莞县的靖康盐场并入归德盐场，称为归靖盐场。至乾隆五十四年（1789），归靖、东莞盐场均被裁撤，此后深圳的盐业生产走向了衰落。

合澜海在明代已经是盛产蚝的地方了。珠江的水流出了虎门，在这里形成面积巨大的洄水水域，咸水和淡水在这里交汇，丰富的浮游生物使这里成为得天独厚的蚝养殖场。据清嘉庆《新安县志》记载："蚝，出合澜海中及白鹤滩，土人分地种之，曰蚝田。其法：烧石令红，投之海中，蚝辄生石上；或以蚝房投海中种之。一房一肉。潮涨，房开以取食；潮退，房阖以自固。壳可砌墙、可烧灰。肉最甘美，晒干曰蚝豉。"当地渔姑脚踏木制滑板，唱着打蚝歌，争先恐后去打蚝的情景打动了明遗民屈大均，他作了两首打蚝歌来描述渔姑打蚝的场景："一岁蚝田两种蚝，蚝田片片在波涛。蚝生每每因阳光，相叠成山十丈高。""冬月真珠蚝更多，渔姑争唱打蚝歌。纷纷龙穴洲边去，半湿云鬟在白波。"这两首打蚝歌现在读来通俗易懂，清新可爱。

肥大鲜美的沙井蚝，就产自这里。每年的白露前后，进入秋季，早晚多吹东风，沙井蚝塘的水逐渐由淡变咸，适宜蚝的养殖。外地浅水区养成的大块蚝，都要搬运到沙井的蚝塘来养肥。沙井蚝养肥后就可以上市了。

前海

随着深港现代服务业合作区的建立，前海作为深圳经济特区再次起航的出发地，成为人们关注的焦点。在前海深港现代服务业合作区管理局揭牌仪式上，一位物流公司的老板激动地说："前海是希望之海，前海是开放之海，前海是财富之海。"

前海和后海是相对于南头古城来说的。

南头古城又称莲子城，它坐落在一座圆形的小山上恰似一粒莲子，东、西、北面的几个小山村好似莲花瓣般衬托着古城，而南山、南园、北头、大新等村落从南向北一路延伸，宛如莲柄。南头历来是深港地区的政治中心。早在东晋咸和六年（331）设宝安县时，这里就为东官郡治。唐开元二十四年（736）正月，设屯门镇，置守捉使一名，兵二千名，负责整个广东海岸线的防卫，缉捕盗贼，保护海上贸易，隶属于安南都护府，治所在今南头城。明洪武二十七年（1394）在这里筑东莞守御千户所城。万历元年（1573）建立新安县。

前海原来叫南头海，在今天的宝安区与南山区之间，因位于县城的前面而得名。湾口南起龙舟角，北至大王洲，方向朝西。据清康熙年间编纂的《新安县志》记载："南头海，在南头一里，两粤诸水合珠江，经虎门，绕南山，逶迤而东；海中有乌、白二石，对峙中流。"白石牌、乌石牌屹立在海滨的水流中，相峙而立，被人们视为县城的门阙。可见，前海是南头城的明堂和出入的门户。明代的前海有南头渡和佛山渡两个码头。南头渡有两条航线：一条自南头抵省城，有四只渡船，这条线路到清代康熙年间被取消；一条自南头抵东莞，有五只渡船。佛山渡有一条航线，自南头抵佛山，有两只渡船，这条线路也于清代康熙年间被取消。

前海曾是明代的军港。据《新安县志·兵刑志》记载："明以邑地为广省门户重地，设立南头寨。"南头寨原先配有陆营把总1名，哨兵5名，队兵330名，管辖的汛地有6处：佛堂门、龙船湾、洛塔、大澳、浪淘湾、浪白。明嘉靖年间（1522—1566），倭寇大犯闽广，沿海骚动，明廷为之震惊。嘉靖四十四年（1565），为加强广东的抗倭力量，对付海上居无定所的倭寇，朝廷决定增建水军，在广东沿海设置了 6 支水军，其中设于东莞县东南的东莞守御千户所（今南头古城）的水寨叫南头水寨，管辖东起大鹏鹿角洲，西止于广海三洲山（今台山县境）之间广阔的海防线。据《新安县志》记载，南头寨原有大小战船共计 53 艘，6 处汛地也各配有战船 8 艘、哨船 5 艘，兵额为 1486 名，每处汛地派驻兵 210 多名，中哨 168 名。

　　1521 年，广东巡海遣副使汪鋐镇守南头，以 50 艘战船对屯门形成半圆形包围圈，向葡军发动了进攻。汪鋐指挥果断，战术灵活，葡军虽然有远征队前来加入作战，仍然伤亡惨重。葡萄牙殖民者只得抛弃部分船只，仅乘 3 艘大船趁黑夜潜逃。1564 年，东莞所正千户李茂材率东莞水兵，与广东总兵官汤克宽里外夹攻，平定潮州柘林海兵谭允传等人的叛乱。

　　1591 年，改设参将后，船的数量增加至 112 艘，兵力陆续增加，水兵、陆兵以及勤杂兵共计 2008 名，主要负责守卫佛堂门、浪淘湾、鹅公澳、九龙、屯门、急水门、东西涌、鹅公头、赤湾、老万山、浪白等沿海汛地。南头寨首任参将是汤克宽，明代抗倭名将之一。南头水寨的战船停泊于今深圳前海，待命出征。原先前海的面积很大，有 30 平方公里，堤岸内是鱼塘、虾塘和红树林滩、泥沙滩，曾是沙井蚝的养殖基地。如今前海的水面因人工填海逐年缩小，宝安区的大部分土地就是填海填出来的。

后海

后海是位于深圳市和香港特别行政区之间的一个海湾，因在县城的后面而得名。后海如今称为深圳湾，其名字本身就承载着历史。

据清代康熙年间编纂的《新安县志》记载："后海，距县城五里，通于海，自西而东，北接梧桐山，绕护县城。"注入后海的河流主要有 3 条：一条是大沙河，在城东北数里，发源于阳台山、丫髻山、董公山等山，流经新围、大涌等地，二十余里至白石村，入后海。一条是滘水，也就是深圳河，在城东四十里，发源于梧桐山、莆隔（今布吉）、龙跃头（香港新界粉岭）、双鱼一带的山地，入后海。自1898 年签署《展拓香港界址专条》起，深圳河作为租借给香港的新界部分 99 年的界线，从此成为两地的界河。一条是香港锦田河，主干流源自大帽山，流经雷公田、大岭、石岗，流向锦田市以南，在元朗的涌口村以北与山贝河汇合，最后流进后海湾。

如今，香港管辖的海湾南部仍然叫后海湾，深圳管辖的北部叫深圳湾。

香港的后海湾内湾是一块生态价值极高的湿地，被列入国际重要湿地名录。来自珠江及深圳河的淡水与中国南海的海水交汇于此，很适合红树林生长，当地的渔业（如基围虾）和蚝业都十分兴盛。早在清代光绪年间，沙井就与香港厦村签约在白泥到流浮山一带的滩涂养蚝，很多沙井蚝民定居于此，这里的街市上常常能听到地道的沙井话。

深圳湾是一个新地名，近几年才出现。在深圳生活的人，要看大海就到深圳东部的海边，到大小梅沙去看海成为最受深圳人欢迎的夏季假日节目；来过深圳的人也感觉不到深圳作为一个滨海城市的特点。特区建立初期，城市建设决策者还没有预见到滨海城市这一概念对深圳未来的重要性，当时他们认为将深圳的城市中心选在通往香港的罗湖口岸附近是最好的选择。这就为后来深圳的中心不断西移埋下了伏笔，也为深圳留下了没有滨海城际线的遗憾。

为献礼改革开放 30 周年，深圳于 2008 年拍摄了一部电视剧，原名《珠江潮》，后改为《深圳湾》。福田的海边有一块红树林鸟类自然保护区，新旧世纪交替之际，红树林海滨生态公园出现在人们的视野，那里原来是后海湾北部滩涂地，后因建设滨海大道的需要，填海造陆而成。为了迎接大运会，这个公园被改造成深圳湾公园。深圳湾体育中心、深圳湾口岸、深圳湾游艇会等一个个建筑和机构的名称将深圳湾这个地理名字坐实。2007 年，横跨后海湾的深圳湾公路大桥通车。香港为大桥命名，沿用了深圳所拟含有"深圳湾"一词的名称，但"后海湾"仍为香港对该海湾的官方称谓。就这样，后海被人为分割成两个部分，香港管辖的海湾南部仍然叫后海湾，深圳管辖的北部叫深圳湾。

其实，深圳湾是一个不规范的地名。所谓海湾是指一片三面环陆一面为海的海洋，通常以湾口附近两个相对海角的连线作为海湾最外部的界线。与海湾相对的是三面环海的海岬。《联合国海洋法公约》（1982）第十条第二款规定："海湾是明显的水曲，其凹入程度和曲口宽度的比例，使其有被陆地环抱的水域，而不仅为海岸的弯曲。但水曲除其面积等于或大于横越曲口所划的直线作为直径的半圆形的面积外，不应视为海湾。"深圳湾只是后海北部海岸，后海作为一个完整的地理单元，不能因为行政区划的不同而人为分割，各取一个名字。

零丁洋

伶仃洋古称零丁洋，因零丁山而得名。这个名字应该是出海的渔民所取，出了这里，大海茫茫，孤苦伶仃的感觉油然而生。它走进中国人的视野是从文天祥的《过零丁洋》一诗开始的。自此以后，它既是一个地理名字，也是一个文化符号，成为无数文人墨客心中的一处朝圣之地。

南宋祥兴二年（1279）正月，被捕的文天祥被元将张弘范挟持，由潮阳港入海，一路到崖山。途经零丁洋，张弘范要他写信劝宋将张世杰投降，文天祥随即作《过零丁洋》一诗，诗中写道："辛苦遭逢起一经，干戈寥落四周星。山河破碎风飘絮，身世浮沉雨打萍。惶恐滩头说惶恐，零丁洋里叹零丁。人生自古谁无死？留取丹心照汗青。"全诗沉郁悲壮，气势磅礴，表现了文天祥崇高的民族气节和舍生取义的生死观。据说，张弘范阅后默然。文天祥亲眼见证了崖山之役，陆秀夫见无法突围，便背着八岁的赵昺投海，随行十多万军民相继跳海壮烈殉国。这是宋军最后一次有组织的抵抗，以元军以少胜多、宋军全军覆灭告终。它意味着南宋残余势力的彻底灭亡，也标志着元朝最终统一中国。

如今的地图上，伶仃洋已经成为珠江入海口的正式名称。地理和海洋学专家们认为，伶仃洋就是珠江流出虎门的喇叭形河口湾，其范围北起虎门，南达香港、澳门。以赤湾、内伶仃岛、淇澳岛一线为界，以北又称为内伶仃洋。伶仃洋南面为九洲洋，位于珠江口之外，为珠海及澳门本土与万山群岛一带之海面。九洲洋是来往香港、澳门、珠海的必经水路，这一带海域主要归珠海市管辖。再往南就是南海，太平洋潮波通过巴士海峡、巴林塘海峡影响伶仃洋的潮汐。江河水和海洋水在此相遇，互相推顶，或进或退，彼此融汇。

然而，伶仃洋在古代并没有如此之大。现在称为内伶仃洋的海面古称合澜海，合澜海南边的洋面才叫伶仃洋，大致是赤湾、内伶仃岛、淇澳岛一线以南，万山群岛以北的海面。很长的时间，合澜海被视为内洋，是政府控制下的海域，而伶仃洋是外洋，政府鞭长莫及。

伶仃洋历来是我国南大门的一道防线。按当时的规定，外国商船到达伶仃洋时，须在此等待中国引水的到来。引水对外船进行必要检查后，在澳门同知处为外船办理进入虎门的准照，然后官府再指派带领外船进入内河的引水，引导外船前往广州黄埔。护航的外国军舰，按规定不得进入内河，只能停泊在伶仃洋及其附近洋面。除这些正常的停泊之外，伶仃洋及其附近水域实际上也是长期以来来华进行非法活动的外船出没和逗留的区域。伶仃洋成为全国鸦片输入的集散地。清道光十八年（1838）七月礼部给事中黎攀镠给皇帝的奏折提道："唯英吉利国有趸船十余只，自道光元年起，每年四五月即入急水门，九月后仍回伶仃洋，至道光十三年，该夷探知金星门水而较稳，遂由急水门改泊金星门，趸船为逋逃之渊薮。"道光十八年（1838）闰四月，鸿胪寺卿黄爵滋上疏主张以死罪严惩吸食鸦片者，奏折中说："外来烟船渐多，另有趸船载烟，不进虎门海口，停泊零丁洋中之老万山、大屿山等处。"夏燮《中西纪事》说："鸦片趸船尽徙之零丁洋，其地水路四达，凡福建、江、浙、天津之泛外海者，就地交兑，其销数之畅如故也。"

林则徐坚决支持黄爵滋的禁烟主张，于道光十九年（1839）正月抵达广州。他联合两广总督邓廷桢等传讯洋商，令外国烟贩限期交出鸦片。同年二月，英舰"海阿斯号"强行驶入澳门内港，林则徐闻讯即挥军南下伶仃洋，一路旌麾大纛，声势浩大地开进澳门，大三巴、妈阁、南湾等炮台鸣炮十九响，向以义律为首的鸦片贩子宣示中国主权。英舰被迫离澳。林则徐采取了撤除买办工役、封锁商馆等措施，不顾英国驻华商务监督义律和烟贩的狡赖，收缴了英国趸船上的全部鸦片。四月二十二日（6月3日）起在虎门海滩销烟，20天销毁鸦片19179箱和2119袋，共计2376254斤。

古代没有现代岛屿的概念，认为岛是海中之山。《说文解字》对"岛"字是这样解释的："海中往往有山可依止，曰岛。"岛，到也，人所奔到也。海岛被视为未开化之地，其居民不是蛮人，就是逃犯，被称为岛夷。岛夷也指倭寇。第一次鸦片战争签订《南京条约》时，道光皇帝得知英国只要求割与香港岛时爽快答应的背后大概是如此的观念。

伶仃洋范围的扩大和岛屿概念的确立，标志着传统疆域观念的更新。

由于珠江西岸与香港及东岸地区之间交通联系不便，西岸经济发展滞后于东岸。1983年，香港合和集团主席胡应湘首次提出修建连接香港与澳门、珠海的"伶仃洋大桥"的构想。大桥名字后来历经"伶仃洋大桥""粤港澳大桥""港珠澳大桥"的变更，2009 年 12 月，正式动工建设。港珠澳大桥的起点是香港大屿山，经大澳，跨越伶仃洋，最后成 Y 字形一端连接珠海，一端连接澳门。大桥落成即成为世界上最长的跨海大桥，横跨粤港澳三地，长达 55 公里。

大鹏湾

大鹏湾是一个位于香港和内地之间的海湾。它的西面和南面分别为香港的吉澳和西贡半岛，而北面和东面则为深圳的盐田、大鹏和南澳。海湾的中央为香港大埔区的东平洲。海湾东岸是大鹏半岛，因大鹏山而得名。1981 年，考古人员在大鹏山咸头岭发现新石器时代遗址，距今约 7000 年，是深圳地区迄今发现最早有人类活动的遗迹。

海湾北岸有大、小梅沙两个海滨浴场。小梅沙三面青山环抱，一面海水蔚蓝，一弯新月似的沙滩镶嵌在蓝天碧波之间。幽雅的环境、清新的空气和郁郁葱葱的山林给小梅沙增添了许多灵秀之气，慷慨的大自然使它成为都市人理想的海滨旅游度假胜地。大梅沙海滨公园位于深圳东部大鹏湾、盐田港与小梅沙之间，拥有深圳海岸线最长的海滩，海水清澈，沙滩广阔，沙质细软，是现代都市中不可多得的海边休闲之地，也是深圳八景中"梅沙踏浪"的主要组成部分。海滩上的几组主题雕塑，记叙了当年所谓的"漂一代"闯深圳的五彩斑斓的梦，如今成为大梅沙欢乐的象征。

大梅沙的西面就是深圳港的盐田港区。盐田港水域广阔（250 平方公里），水深流缓，建港岸线长，无泥沙危害，已建有大型深水码头 20 个，岸线长 8212 米，水深达 17.4 米，全球最大的 20 万吨级超大型船舶全部靠泊过盐田港。2017年，本地港口集装箱吞吐量首次突破1400万标箱。盐田港是华南地区国际航线最密集的港口，每周航线超100条，其中欧美航线占60%，是全球单体最大和效益最佳的集装箱码头之一。

大梅沙拥有深圳海岸线最长的海滩，海水清澈，沙滩广阔，沙质细软，是现代都市中不可多得的海边休闲之地，也是深圳八景中"梅沙踏浪"的主要组成部分。海滩上的几组主题雕塑，记叙了当年所谓的"漂一代"闯深圳的五彩斑斓的梦，如今成为大梅沙欢乐的象征。

第四节

岛屿

内伶仃岛

内伶仃岛是深圳市第一大岛，古称零丁山。东北距蛇口约9公里，面积4.84平方公里，岛上山峦起伏，最高的尖峰山海拔约340米。

清初屈大均《广东新语》记载："秀山之东，有山在赤湾之前，为零丁山，其内洋曰小零丁洋，外洋曰大零丁洋。文丞相诗所云'零丁洋里叹零丁'是也。"据清康熙年间编纂的《新安县志》记载："零丁山，在赤湾前海中，文天祥诗云：零丁洋里叹零丁。即此。"清雍正郝玉麟修、鲁曾煜纂《广东通志》："零丁山，在赤湾前海中，距城二百里，高一百丈，周围五里，四面环海，下为零丁洋。"康熙年间复界后，杜臻奉旨巡视广东、福建海疆，他在《粤闽巡视纪略》中写道："新安城南，水程而十里，至伶仃山，山外即伶仃洋。"

大约从明代起就有渔民在岛上居住，形成南湾、东湾、焦坑、步九仔和跳港5个小自然村，居民多数姓黄。1950年4月18日，中国人民解放军陆军第44军第130师390团奉命攻打内伶仃岛，从赤湾起渡，仅40分钟便登陆，国民党守军仓皇登军舰逃走，没有来得及登舰的尽数被俘。390团官兵又乘5艘商船追击，两度与敌方27艘军舰战于海上，击沉敌舰两艘，毙溺敌人百余名，迫使敌军狼狈逃窜。此役，390团16位壮士牺牲。至此，宝安县全境解放。1950年5月20日，中国人民解放军陆军第44军第130师第390团为解放内伶仃岛而牺牲的革命烈士立碑，纪念碑立在南头校场，命名为"解放内伶仃岛纪念碑"。碑文文末为"勒石以志，激励后生"。

这里尽管与居民区距离极短，却是革命时代的海防禁区。1952年，该岛成为军事重地，居民由政府组织迁移到蛇口、西乡、坂田

正因为没有人类的干扰，
这里的生态得以恢复，有
着较为罕见、完整的生物
群落。如今岛上有 1000 多
只猕猴，整座岛屿成为猕
猴的乐园。

等地。1955年,曾有几十户居民回到岛上,在上面种植水稻和果树,下海打鱼,在岸边养蚝。1979年,宝安县改为深圳市建制后,岛上居民全部迁往蛇口定居,居住在湾厦村。岛上居住的原住民基本已全部迁出,除了少数管理人员外,能登上岛屿的人非常少。正因为没有人类的干扰,这里的生态得以恢复,有着较为罕见、完整的生物群落,如今岛上有1000多只猕猴,整座岛屿成为猕猴的乐园。1984年10月,建立内伶仃岛—福田自然保护区,1988年5月升级为国家级自然保护区。

1990年,内伶仃岛的行政管辖权发生争议。1992年,广东省民政厅将内伶仃岛行政管辖权划归珠海。2009年,广东省人民政府批复,明确内伶仃岛归深圳市管辖。

大铲岛

大铲岛是深圳市第二大岛,形状如同一个铲,故得名大铲岛,位于深圳市南山区蛇口西面的前海湾海面,与邻近岛屿小铲岛和孖洲合称"大小铲岛",面积近1平方公里。大铲岛北隔前海湾与小铲岛相望,南隔前海湾与孖洲相望,守卫着往来香港与内地之间小型船舶的黄金水道。

大铲岛为低山丘陵海岛,植被茂盛,部分岛陆已被人工开发。1898年,清政府与英国签订《展拓香港界址专条》,把深圳河以南一带(今日的新界和新九龙)租借给英国99年,以北一带(今深圳)归清政府管理。因此,在清朝至中华民国时期深圳南面在不少地方都建有海关。为防范英军突袭,大铲岛也于清朝兴建海上海关，至今已有百年多的历史。

在清政府时期，大铲关、九龙关、拱北关和广州关是著名的四大关口，从那时起一直有工作人员在岛上从事关税和卫生检疫工作。1995年，由于机构的合并变更，原工作人员撤离海岛，岛上遗留了办公楼、住宅楼等多处房产，仍保留着清宣统三年（1911）由清政府海关税务司所立的粤海防御大铲厂界碑。

2009年7月10日，大铲湾码头（一期）完工并投入生产。大铲湾码头位于深圳西部宝安区，香港以南20海里，广州以北40海里处，是深圳西部港区全新的世界级集装箱码头，是集散泛珠三角各主要生产基地货物的理想站点。码头总面积112公顷，岸线长1830米，纵深600米，可以停靠大型集装箱船。

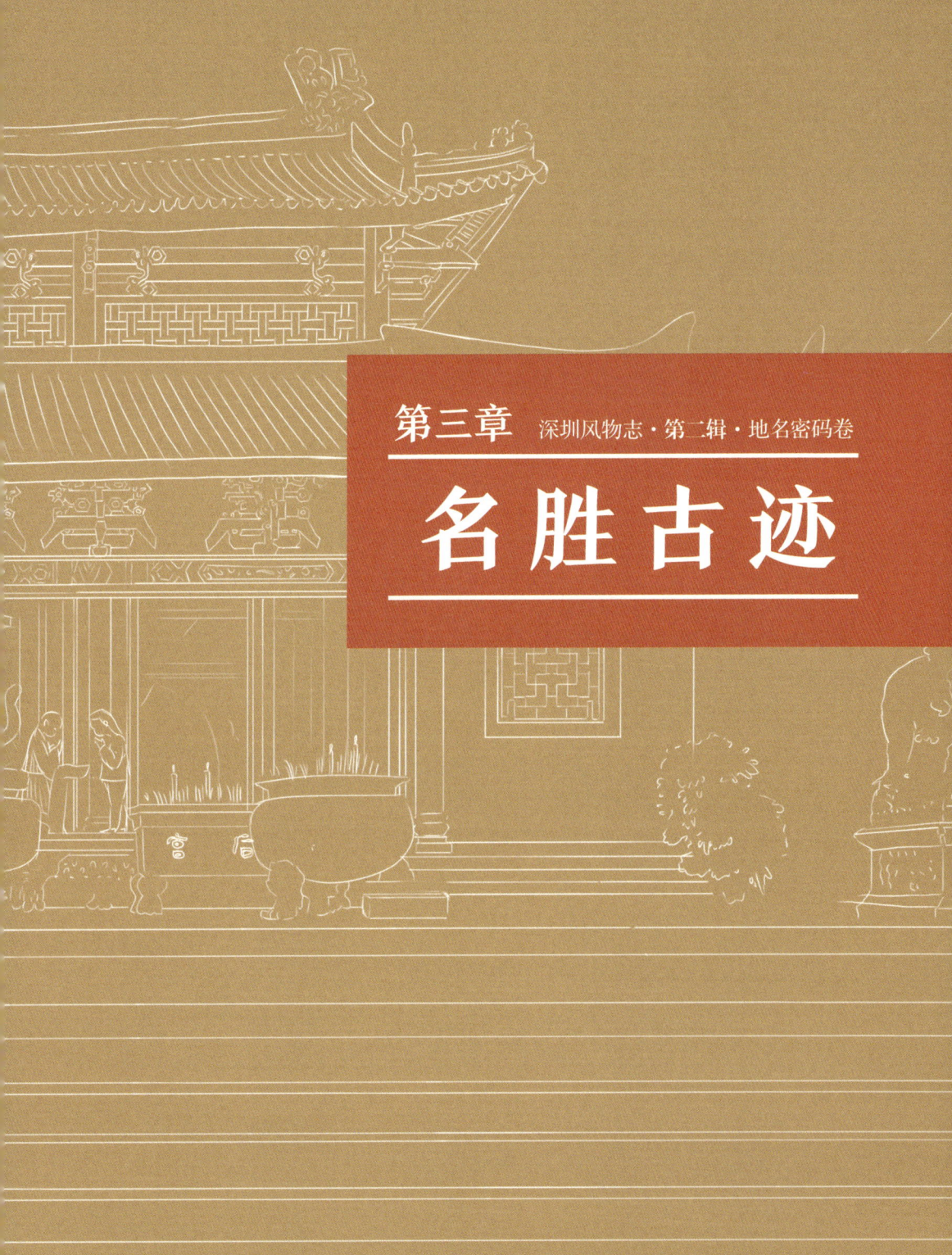

第三章　深圳风物志·第二辑·地名密码卷

名胜古迹

第一节

古遗址

咸头岭遗址

咸头岭遗址位于深圳市大鹏新区大鹏街道叠福社区，遗址就在咸头岭村的海边沙堤上，西南至东北长 120 米，西北至东南长 110 米，面积约 13000 平方米，由深圳博物馆在 1981 年的考古调查中发现。考古队从 1981 年至 2006 年对咸头岭遗址共进行了 5 次发掘，出土了大量陶器，如彩陶、白陶、夹砂陶片，还有石器，发现了房屋、灶台等遗迹。考古学家认为这是珠江三角洲地区新石器时代较早时期最具代表性的遗址，与同时期的相关遗址相比，它的面积最大，出土文物最为系统、丰富，器物制作工艺水平最高，这表明咸头岭文化遗址当时可能是对周边区域有文化辐射力的一个中心聚落。从咸头岭出土的器物看，珠江文明起源一点儿也不比黄河文明和长江文明晚。

中国著名考古学家、北京大学教授李伯谦先生首次提出"咸头岭文化"概念，并称它是珠江三角洲地区新石器时代中期考古学的代表性文化。咸头岭新石器时代中期的沙丘遗址，是目前珠江口沿岸同类型遗址中发掘面积最大的一处，根据碳 –14 年代测定法的结果推测，该遗址距今有 6000 至 7000 年。这里出土的器物种类丰富，年代分明，具有明显的不同阶级的特征。这些特征使出土器物成为判别沙丘文化遗址新石器时代这一年代的重要标尺。咸头岭遗址和龙岗大黄沙新石器时代遗址一起，与盐田大、小梅沙，珠海后沙湾，香港春坎湾、大湾、蟹地湾、东湾等二三十处遗址相联系，构成了咸头岭文化。

2006 年，中国社科院将大鹏湾畔咸头岭遗址评选为"2006 年中国六大考古新发现之一"。

咸头岭遗址是典型的沙丘遗址，是目前珠江口沿岸同类型遗址中发掘面积最大、出土文物最为系统、器物制作工艺水平最高的遗址。从咸头岭出土的器物看，珠江文明起源一点儿也不比黄河文明和长江文明晚。

屋背岭商代遗址

屋背岭商代遗址位于深圳市南山区西丽水库，于 1999 年深圳市第二次文物普查时被发现。屋背岭海拔高度 61 米，相对高度 30 多米，是一座东北—西南走向的长条马鞍形山岗。其西北面分布有众多的低岗，东侧有大沙河自东北向西南注入大海，南面距深圳湾 8 公里。该遗址是一处较大规模的墓地，年代可能早于粤东的浮滨文化或与之相当。2001 年 4 月，广东省文物考古研究所与深圳市文物管理委员会、深圳博物馆和南山区文物管理委员会组成联合考古队开始正式发掘。包括试掘，共清理出商时期墓葬 94 座。

墓葬均为竖穴土坑墓，分布于山顶及其两侧，墓向多与山岗走向相同。随葬品以陶器为大宗，有少量玉器、石器。陶器器形有釜、豆、罐、钵、尊、壶、杯、器座和纺轮等。器物组合以釜、罐、豆居多。纹饰有拍印的复线菱格凸点或凸块纹、曲折纹、卷云纹、云雷纹、方格纹和梯格纹等，还有少量绳纹。豆类多素面，有的圈足上有凸棱和穿孔。石器以小型石锛为主。还有少量玉矛、水晶玦等。随葬品中釜、豆、罐、钵、纺轮数量较多，形制多样，富于变化，给分期提供了可能。结合器物组合特征，暂分三期，第一和第二期又可各分为早、晚两段。第一期时间跨度较大，第二、三期之间有明显的演变关系。根据器物对比，初步将第二、三期年代定为商代中晚期至西周初。

该遗址是广东地区目前发掘规模最大的商时期墓地。这一新的考古发现对于广东商周考古研究而言，填补了珠江三角洲及港澳地区陶器编年的一段空白，证明商时期珠江三角洲、韩江三角洲、粤东北的兴梅平原三个区域的文化已经开始相互交流和影响，对岭南考古乃至中国考古都具有重要的学术意义。

关于这项考古新发现的价值，中国考古界权威、北京大学考古学系教授邹衡的话非常有分量。他说，屋背岭商代遗址的发掘，既反映了中原文化的共性，又体现了岭南文化的特性，说明广东从商时期起就有自己独特的文化。对于深圳屋背岭商代遗址这一新发现，邹衡老先生最初也持怀疑态度。在此之前，广东针对这一时期的考古发掘工作基本上只挖出过零星的陶器碎片，不足以证明这一地区存在商代文化。可是当邹衡亲眼看到了此次出土的完整的大宗陶制器皿以及少量玉器、石器，看到它们上面独特的纹饰后，他非常兴奋并认为，虽然少量出土文物有中原文化的痕迹，但其岭南特点非常明显。当时商的统治未能到达这里，严格地讲这些文物反映的不是商文化，而是商时期岭南地区的特色文化。这次发掘成果从考古学的角度证明了岭南地区早在 3000 多年前就有了自己的文明。

2001 年，深圳南山区屋背岭商代遗址被评为年度"全国十大考古新发现之一"。

第二节

古城址

南头古城

南头古城位于深圳市南山区南头街道南头城社区，占地面积约7万平方米。据记载，该城汉时为盐官驻地，三国时筑东官司盐都尉垒"芜城"，东晋咸和六年（331）筑东莞郡城和宝安县城，明清时为新安县城。该城位处江海交通要冲，系海防军事重镇。自晋代以来，香港、澳门、珠海、中山、东莞等地很长时间隶属宝安县管辖。南头古城是深圳城市史的源头，也是深港文化之根。

据《新安县志》记载，现存南头古城始建于明洪武二十七年（1394），当时为东莞守御千户所城，由广州左卫指挥崔皓负责筑城。城墙用砖石包砌，"周围五百五十二丈，高一丈八尺，上广一丈二尺，下广二丈五尺。有城门楼四、敌楼四、警铺二十五、雉堞一千二百"，共有四个城门，东门为聚奎门，西门为镇海门，南门分内外两门，内门为宁南门，外门为迎恩门，北门为拱辰门。城墙外有城壕，阔二丈，深一丈五尺，围城一圈总长有五百九十二丈。明代万历元年，新安县从东莞县分离出来，辖地包括今天的深圳市及香港，县城仍选址于南头的城子岗，由旧东莞守御千户所城加固而成。知县吴大训认为"北门当县治之背，地脉非宜塞之"，只开通东西南三门，门前都设有吊桥。新安城在东南隅和西南隅分别建有水关。新安城里的主要街道有县前街、显宁街（县左）、永盈街（县右）、寺前街、新街（仓前）、聚秀街（学右）、和阳街（东门）、迎恩街（南门）和五通街（所前）等。

现在的南头古城仍留存着一些明代的高低不等、断断续续的遗址。北墙北城门、西城门被毁；东城门虽存但已改为石块构筑。唯

南城门保留了原始面貌。南门底宽 10 米，高 4 米半，城楼已毁。拱形城门上有一块长方形石块，上用小篆阴刻"宁南"二字，是岭南古文化的宝贵遗存。2002 年 7 月，南头古城垣被广东省列为省级文物保护单位。

南头古城位于深圳市南山区南头街道南头城社区，占地面积约 7 万平方米。据记载，该城汉时为盐官驻地，三国时筑东官司盐都尉垒"芜城"，东晋咸和六年（331）筑东官郡城和宝安县城，明清时为新安县城。该城位处江海交通要冲，系海防军事重镇。

大鹏所城

大鹏所城位于深圳市大鹏新区大鹏街道鹏城社区，是明清时期中国南部的海防军事要塞，有着 600 多年抵御外侮的历史，涌现了赖恩爵、刘起龙等一批杰出的民族英雄。大鹏所城始建于明洪武二十七年（1394），明指挥花茂奏设东莞、大鹏二所，以防备倭寇，屯种荒田，且耕且守。清代《新安县志》记载，大鹏所城由"广州左卫千户张斌开筑，内外砌以砖石。沿海所城，大鹏为最。周围三百二十五丈六尺，高一丈八尺，面广六尺，址广一丈四尺；门楼四，敌楼如之；警铺一十六，雉堞六百五十四；东、西、南三面环水濠，周回三百九十八丈，阔一丈五尺，深一丈"。

民国以后，大鹏所城没有驻军，成为一处民居。古城更是日渐倾圮，经历了日本侵华后，城楼、城墙等在 20 世纪 50 年代损毁严重，再加上十年"文化大革命"的大规模破坏，古迹已荡然无存，只剩下断壁残垣。如今古城经修复后重振雄风，除北门在明万历年间被堵塞外，大鹏所城尚保留有东、南、西三门及东北部分城墙，还有振威将军第、县丞署、关帝庙、侯王庙、赵公祠等古建筑。古城 1988 年被列入第三批深圳市市级文物保护单位，1989 年被列入第三批广东省省级文物保护单位，2001 年被国务院列入第五批全国重点文物保护单位。2003 年大鹏所城所在的鹏城村被建设部、国家文物局列入首批中国历史文化名村。

当地人称大鹏话为"千音"，又叫"大鹏军语"。"千音"指大鹏所城有 1200 多户，1000 多个籍贯，1000 多种口音。大鹏所城内外居住的军队和军户家属共有二三千人，而周围数十里范围，人烟稀少，边远荒芜。军官基本上都是朝廷派下来的北方人，而兵士多半都是从粤、闽沿海招募的，有的讲粤语，有的讲客家话，还有的讲福佬话，可谓南腔北调，难以沟通。来自天南地北的官兵们，在长期的戍边生活中，慢慢形成了一种独特的军语或军话。相传明清守军在海边既守防打仗，又种田捕鱼，为满足外地兵员熟悉地方的需要，地名歌和问答歌就产生了。随着军队打仗阵亡的将士数量或营防中婚丧嫁娶人数的日益增多，哭丧歌和哭嫁歌等当地特色的山歌也发展起来。

地名密码卷
————
名胜古迹
————

第三节
——
古建筑

龙津石塔

龙津石塔位于深圳市宝安区沙井街道沙三社区。它是深圳市年代最早的地面古建筑遗存。

南宋宁宗嘉定十三年（1220），盐官承节郎周穆在归德场衙署西边一河流上建了一座石桥，取名叫龙津桥。据说桥建成时，突然间刮起狂风下起暴雨，河里波涛汹涌，像蛟龙奋跃一样冲打着石桥。当时的人们认为这是建桥惊动了海里的龙王，就在桥边立了一座石塔来镇水。据明张二果《东莞县志》载："龙津桥，宋嘉定间盐官承节郎周穆建，桥侧立塔，高丈有二尺。旧传桥成之日，风雨骤至，波涛汹涌，若有蛟龙奋跃之状，因立塔镇之。"清嘉庆年间编纂的《新安县志》载："龙津石塔在邑之三都沙井村河边，宋嘉定年间盐大使建石桥于沙井之东北，桥成之日波涛汹涌，若有蛟龙奋跃之状，故立塔桥上镇之。"这座龙津石塔如今还在，位于沙三村桥东五巷（今深圳市宝安区沙井街道沙三社区）。原来塔高一丈二尺，现在只剩下60多厘米了。1984年，当地群众在原塔基前重建塔座，将残存塔身等安放于塔基上。

石塔构件是用粗砂岩圆刀法雕刻而成。塔座平面呈方形，长、宽均为0.56米，高0.29米，使用了须弥座四角浮雕竹节角柱，正面刻宝相花万字。塔身为正方形，长宽均为0.44米，高0.6米，正面有弧形佛龛，龛内浮雕半身佛像，螺髻，圆脸，突眼，高鼻，小口，双耳垂肩，平胸细腹，身披袈裟，所结手印为初佛光泽真言手印，据《苏悉地羯罗供养法经》载："其手印相，以左手大指，捻小指甲上，余三指微开直竖，舒其膊，还以右手，亦作此印，承左手肘下，以此印

南宋宁宗嘉定十三年（1220），盐官承节郎周穆在归德场衙署的西边一河流上建了一座石桥，取名叫龙津桥。据说桥建成时，突然间刮起狂风下起暴雨，河里波涛汹涌，像蛟龙奋跃一样冲打着石桥。当时的人们认为这是建桥惊动了海里的龙王，就在桥边立了一座石塔来镇水。

印触诸物，即成光泽。"其神态慈祥逼真，颇具宋代雕刻造像的风格。塔身左右两面亦有弧形龛。左龛的上部有双手合十图像，此为合掌手印，下部有阴刻楷书四行十字真言："唵尾萨啰尾萨啰吽泮吒"。据《千手千眼观世音菩萨大悲心陀罗尼经》载，"若为令一切鬼神龙蛇虎狼狮子人及非人常相恭敬爱者，当于合掌手。"右龛的上部为宝剑手，下部刻阴文四行十六字初佛光泽真言："唵帝势帝惹睹尾儜睹提婆驮野吽泮吒"。据《千手千眼观世音菩萨大悲心陀罗尼经》载，"若为降伏一切魍魉鬼神者，当于宝剑手。"塔身背面刻有"嘉定庚辰立石"的字样。因年代久远，风蚀雨浸，经文咒语字迹模糊不清。塔顶做四坡水，檐子平而直，檐下做混檐，这是一种简化手法即古代建筑的防火檐。塔尖用一个宝珠收尾。基座和塔身上刻有许多壶门式样，一种佛教上经常运用的图式样，也有的略作变体。这种图式样从南北朝到明清在石塔等建筑上得到普遍运用。

据目前所知，南宋石塔除宝箧印塔、无缝塔之外，即便在单层塔中，方形石塔也是一个孤例。龙津石塔是佛塔向风水塔功能转变的早期实例，现为广东省文物保护单位。

曾氏大宗祠

曾氏大宗祠位于深圳市宝安区新桥街道新桥社区，建于清嘉庆三年（1798），占地面积1029万平方米，三进三间，是由门楼、牌楼、中堂、后堂等组成的宗祠。中堂左右二廊庑厢，门楼与中堂之间为天井。天井中间有石牌坊。前厢和后厅各面宽五间，进深三间。石牌坊用雕琢细腻的花岗岩砌筑，坊柱前后以抱鼓石相护，坊上横额题楷书"大学家风"四个大字。嘉庆年间扩建宗祠，于石牌坊左刻"大清嘉庆三年戊午初冬之吉立"，右刻"堂下孙腾光拜题，应中敬书"小楷。两侧浮雕着袍服长须、风度翩翩的人物和云鹤图案，左右檐额分别阳刻"体忠""行恕"，背面横匾上刻"片石流辉""堂下孙煜拜题""堂下孙应中敬书"等字样。祠内墙壁均有人物故事彩画，大门悬挂"曾氏大宗祠"的匾额，有对联一副："天下斯文宗一贯，古今乔木第三家。"祠前有十多对旗墩，相传旧时凡族子弟中举或升官，均在宗祠前立杆竖旗，以示荣耀。该宗祠现为广东省文物保护单位。

　　曾氏家族将"大学"作为家风，可以追溯到曾氏的老祖宗曾子。曾子（前 505 年—前 435 年），名参，字子舆，春秋末年鲁国南武城（今山东省临沂市平邑县魏庄乡）人。出身于没落贵族家庭，后师从孔子，是孔子的 72 弟子之一，他勤奋好学，颇得孔子真传。终其一生，他以"事亲至孝，悟圣道一贯之旨"，而被后世尊称为"宗圣"。相传《四书五经》的《大学》一书就是曾子及其门人编著的。该书大谈格物、致知、诚意、正心、修身、齐家、治国、平天下的道理，因朱熹的推崇，成为南宋以后理学家们讲伦理、政治、哲学的基本纲领，也是科举取士的必读教科书之一。曾子是孔子学说的主要继承人和传播者，在儒家文化中居有承上启下的重要地位。相传他与孔、颜同结为异姓兄弟，故有"天下斯文宗一贯，古今乔木第三家"之说。历朝历代的皇帝对于孔、颜、曾、孟四圣均有皇封。

　　曾氏大宗祠是宝安新桥曾姓的总祠。据族谱记载，新桥曾氏发源于鲁国西南武城。西汉末年，十五世祖曾据率家族南迁江西庐陵吉阳（今江西永丰县），后再迁赣州西门，继迁南雄保昌珠玑巷。北宋末南宋初曾中美长子曾子骧的五世孙曾仕行与曾仕贵从南雄珠玑巷徙羊城。其后兄弟分迁，并剖石为记，各持其半而去。曾仕行卜居番禺小龙。曾仕贵则南迁东莞的县前（东莞老城区），后迁归德盐场（今新桥村一带），立村定居。其后裔分布于宝安新桥、上星、上寮、新二、黄埔、南洞、长圳、玉律、塘家曾屋、石岩浪心、东莞麻涌、化州平垌等地。

绮云书室

绮云书室位于深圳市宝安区西乡街道的乐群村，建成于清光绪十一年（1885），由郑氏家族的开创者郑姚带领建造。据说郑姚早年家贫，十六七岁时，便替人家舂米。后拜师学木工手艺，凭着吃苦耐劳和聪颖机灵，学得一手技术精湛的木工活。因其工艺好，宝安县城所在地南头的街坊，凡盖屋、娶媳妇、嫁女儿必请郑姚去打造所需的家具，久而久之就得了"界木姚"这个美称。后投资做起粮食和木材生意，成了富甲一方的人物。后来前往香港，将其多年的积蓄全部投入经营地产业，兴建了许多高楼大厦。郑姚出面主持重修了西乡墟正街。光绪四年（1878），他倡议重修郑氏宗祠，还建绮云书室，供村中子弟读书。

绮云书室占地 3000 多平方米，是深圳历史上最大的私人书室建筑。建筑包括大门、围墙、前殿、中殿、后殿、东船厅、西书楼、明楼、花园、金鱼厅等，规模宏大、气势磅礴。书室里木雕、石雕、砖雕工艺精湛，图案精美，代表了当时雕刻艺术的顶尖水平。1996 年，由省、市文物部门联合组成的文物专家鉴定组对绮云书室进行了鉴定，将其誉为

"深圳的陈家祠"。同年绮云书室被列为市级文物保护单位。2016 年，被列为广东省文物保护单位。

郑氏祠堂坐落在乐群社区，祠堂内石碑上铭刻的"一德楼记"碑文记载，该祠堂叫一德楼，始建于 200 多年前，石碑上还记载着大量的海内外郑氏族人为祠堂重建捐款的名册。绮云书室与百米之遥的"郑氏祠堂"相比，无论是占地面积还是建筑规模都要更大，其建筑本身更是气派不少，可见当年郑氏家族对教育的重视。由绮云书室再往前是沙头村，西面是西乡墟正街、北帝古庙及王大中丞祠。

寺庙

东山寺

东山寺位于深圳市大鹏新区的龙头山山腰，背山面海，占地面积约3200平方米。据清康熙《新安县志》记载："东山寺，在大鹏所东门外山上，中为观音堂，左为上帝殿，右文昌阁，前三宝殿。"

大鹏古城的东边有一座山叫龙头石山，山脉逶迤起伏，山脊无树木，常年不生草，光秃发亮，形态酷似巨龙，龙身约800米，南北而卧，昂首朝向大亚湾。龙头是一花岗岩石群，叫做"龙头石"。相传古时有一只巨形大鹏鸟降落于此石之上，因此该山又名"鹫峰"。

东山寺就建在"鹫峰"南侧山腰上。该寺始建于明朝，于清代咸丰四年（1854）重修。现在的东山寺分三进：第一进有玄坛、关公塑像、垂地大钟等。第二进为正殿，殿里有三宝佛和十八罗汉塑像。左侧是上帝殿，右侧是文昌阁。第三进是观音堂。寺前矗立着一石牌坊，正面横额上书"鹫峰胜境"，背

东山寺就建在"鹫峰"南侧山腰上。据清康熙《新安县志》记载："东山寺，在大鹏所东门外山上，中为观音堂，左为上帝殿，右文昌阁，前三宝殿。"

面为"鹏岛灵山",为大鹏协副将张玉堂所书。东山寺在明清时就是一处游览胜地。

龙岩古寺

龙岩古寺位于深圳市大鹏新区大鹏街道王母墟之南，龙石山之北麓，因其依龙岩巨石而建而得名。龙岩之名源于山腰一奇大之石。此石厚 3 米，直径 20 多米，从山谷中蓦然伸出，向上弯翘，有如出地龙，故称"龙岩"。后人以岩为顶、依岩筑寺，并取名为"龙岩古寺"。龙石山也因此寺而更名为观音山。据龙岩古寺碑文，此寺始建于清代同治年间（1862—1874），光绪三十四年（1908）重修。龙岩古寺位于花影绿荫之山腰，环境清静、幽雅，加之寺院依山傍石构筑，风景独特而自然，还有观音菩萨在此现身的传说，百多年来青灯不熄，香火不断。寺门下有持净瓶的汉白玉观音塑像，寺门前建有宝塔。

更令人惊叹的是观音殿神坛下的石洞中有一股百年不竭的清泉。此泉冬温夏凉，清洌甘美，有解暑怡神，清心明目之效，被誉为"仙水"。

如今，当地政府以龙岩古寺为中心，开发周边，建成观音山公园。市民既可来这里朝拜，亦可在这里休闲。

赤湾天后宫

赤湾天后宫位于深圳市南山区赤湾六路 6 号，原名天妃庙，祭拜的是妈祖。赤湾位于深圳南头半岛的南端，曾是海上丝绸之路重要的一站、西洋和东洋的分界线。赤湾的天后庙始建年代不详。明永乐八年（1410），钦差张源出使暹罗国（泰国），到赤湾天后庙祭祀，归来后，在旧庙东南建殿宇。此后，这里成为明清两代朝廷官员出使海外进行官祭的三大天后宫之一。

鼎盛时期的赤湾天后庙有数十处建筑 120 余间宫殿房屋，占地 900 余亩。每逢农历三月廿三，妈祖诞辰，前来烧香祭拜的市民如潮涌。此庙在明清时期多次重修、扩建。至清末，赤湾天妃庙有大小房屋 100 间，有山门、牌楼、月池、石桥、钟楼、鼓楼、前殿、正殿、后殿、左右偏殿、厢房、长廊、碑亭、角亭等建筑 20 余处，加上附属建筑、庙产及祀田，共占地 60 多公顷。在赤湾的云蒸霞蔚中，其殿宇巍峨宏伟，庙貌气象万千，成为当时沿海地区最大的天妃庙，在我国港澳台地区及东南亚各国久享盛誉。

1960 年，深圳建设深圳水库时拆用庙中木柱和琉璃瓦，庙舍因此遭到破坏。此后再经"文化大革命"浩劫，庙中文物几乎荡然无存。1992 年 12 月，深圳市及南山区政府拨款，根据历史资料修复天妃庙，并更名为"赤湾天后宫"。1995 年竣工并对外开放。修复后的天后宫占地 1.28 万平方米，建筑面积 6835 平方米。由前至后主要有大门、牌楼、月池和石桥，中为天井，天井中有一水井。庙的左右设鼓楼，再后为正殿，两侧以回廊、厢房环绕。正殿左右各有官房，其他则有偏房住屋，四围绕以墙院。庙内还有劫余之物，包括各种石柱、石板、石条等。1997 年，南山区成立天后博物馆。1988 年 7 月，深圳市政府公布赤湾天后宫为文物保护单位。

云溪寺

云溪寺位于深圳市宝安区沙井街道衙边社区沙井中学内，始建于北宋天圣四年（1026）。当时云溪寺的庙产很少，香火也不是很旺，庙里的和尚终日靠化缘果腹。景祐四年（1037），云溪寺迁到归德衙署旁（今深圳市宝安区沙井街道衙边社区）。南宋绍兴十三年（1143），一个叫蒋八姑的妇人捐田数顷。妇人邓县君嫁给东山塘下的曾士廉。曾士廉字公养，30 岁就去世了。邓县君年纪轻轻就守了寡，吃斋念佛，过着节俭的生活。当得知蒋八姑捐田之事，邓县君毫不犹豫地将自己的百亩田产捐出。后来云溪寺又迁回参里山。宋咸淳五年（1269），云溪寺为纪念邓县君建了一座舍田祠。

曾宋珍，号罗溪，罗田人，是曾志大的子孙，宋淳祐九年（1249）举贡士，咸

每逢农历三月廿三，妈祖诞辰，来烧香祭拜的市民如潮涌。

淳十年（1274）登王龙泽榜第五甲进士，授迪功郎、循州龙川县尉。他感叹"自绍兴至今百二十八载，而先后喜舍，仅两妇人，信乎好善之不多见也"，他认为"甚爱为贪，不忍舍者为吝"，舍田祠不仅是为了纪念邓县君，而且希望能起到"讽吝警贪"的作用。曾宋珍曾到过云溪寺，留诗一首：

溪水年年自深浅，山云日日半阴晴。

溪山好处划开眼，看水看山悟此心。

清康熙年间编纂的《新安县志·杂志》记载"云溪寺，在县西四十里归德场参里山之麓，今改为万寿寺。"嘉庆年间编纂的《新安县志·胜迹略》记载："云溪寺，在县西四十里归德场参里山之麓。嗣改万寿寺，今复改为云溪寺。"由此看来，清康熙年间（1662—1722）云溪寺曾改名为万寿寺，到了嘉庆年间（1796—1820）还是改回原名云溪寺。

由于靠近热闹的云霖墟，云溪寺里的香火也日益兴旺起来。到抗日战争时，日军焚毁云霖墟，云溪寺也遭到极大的破坏。1957年沙井中学迁到这里。

古墟

茅洲墟

茅洲墟位于深圳市宝安区沙井街道后亭社区茅洲山，古时地处茅洲河的入海口，靠近归德盐场，宋明以来一直是官盐、私盐的集散地，盐民将盐运到茅洲内港埠头，兑与水客。

明初，盐民所产之盐，出海有禁，商贩怕哨守盘查而不敢来，官兵更是以巡缉之名，勒索盐民，导致海盐堆积卖不出去，盐民无以为生，生活艰难。万历二十一年（1593），江一德等人将情况具呈新安县，知县喻烛大力革除灶盐之害，准许盐民自煎盐斤，在归德场领取照票，运至茅洲内港埠头，与水客交易，哨守官兵给票放行。虽有贤明的知县为盐民革除弊端，官方优恤盐民，盐民仍然逃脱不了贫困的命运。

明代时这里就有新、旧二墟。明末发生"官宦争墟"一事，据崇祯《东莞县志》载："茅洲旧墟地不下数年，称富裕，今已荡然，颓垣瓦砾垒垒矣。此数百家之民，死者半，窜者半，敢怒不敢言。争之流祸至此，尚忍言哉！挽颓风而安下士，不能无望于显宦也。"也许是因为这个原因，茅洲墟改设成茅洲新、旧二市。

据明崇祯八年（1635）上任的第二十二任新安县县令李铉的条奏："归德场去县颇远，而场近茅洲，商船鳞集，煎出盐斤，立可发卖。"这说明归德场因其水运交通发达，所产盐斤能很快卖给民众。

清初，朝廷为了防止沿海居民接济台湾郑成功反清复明势力，将东南沿海居民内迁50里，致使被迁地区百业凋零，民不聊生，当地的盐场也被完全废弃。康熙年间（1662—1722）这里设有直抵东莞的茅洲渡，还设有茅洲墩台，安兵30名。

为了祈求盐船、盐民的安全，茅洲墟建有把港大王庙，专门供奉南海神。清康熙元年（1662），清廷实行迁海政策，香港邓氏从元朗迁来茅洲。到康熙八年（1669），清廷批准复界，客居茅洲七年的元朗居民返回原居地。康熙二十四年（1685），锦田邓文蔚中进士，授浙江衢州府龙游县知县，同时获封地，在元朗设墟并建了一座大王古庙，把茅洲的大王请到元朗。大王庙一直是当年元朗的政治及宗教中心。至今，元朗十年一次的打醮活动、祭神仪式仍在该庙内举行。

清平墟

清平墟位于深圳市宝安区沙井街道新桥社区桥头，取名清平，是祈望天下太平。清平墟位于新桥河与茅洲河汇合注入珠江之处，东接黄松岗、乌石岩诸路，西连云林、茅洲诸墟，地处古代交通往来要冲。它建于清嘉庆年间（1796—1820），直至清末民初一直是松岗、石岩、公明、沙井、福永等地的商品交易和集散地，以后日渐式微，现在仅保存有一条古街、数间商铺和一座当铺。桥下的桥头原有码头和文昌塔，每至傍晚华灯初上，与永兴桥交相辉映，景象颇为壮观，可惜现在都不存在了。

清平墟的正街长有三十多丈（100多米），宽有丈余（3米多），铺砌有长短不等的花岗岩石块。街门在东，又称街口，原建有一座墟门牌坊，据说上面写着"清平街"三个字。牌坊左侧原有一楹联的上联"丝带绕桥双玉树"，是当年一位途经此地的堪舆大师察看了清平墟的东南西北环境后题写的，期望此地能有人对上工整的下联，后来有墟上人对上"壁伞护坛一文塔"的下联。横街长有二十丈（60多米），宽与正街一样，同样铺砌有花岗岩石块。此街最大的亮点就是街的最南端有一座广安当铺。

广安当铺位于横街的最南端，为石岩浪心人袁荣所建，当铺共有5层，20多米高，主楼及附属建筑占地达1000平方米，其规模可能是东南亚地区之最。远望这间当铺，建筑整体四四方方，直棱直角，顶部也平平直直，与南方广府传统民居的船形屋脊风格不同，看上去更像是碉堡。令人吃惊的是，它的墙身使用了7行砖，厚度达84厘米，是这一带很少见的建筑物。

鼎盛时期墟内的店铺达百家，经营范围达几十个行业。粗略算来有舂米铺、织篾铺、药材铺、缸瓦铺、打铁铺、葵衣铺、猪栏铺、补衣铺、打金铺（手工饰物）、文房铺（经营布匹等）、高楼（茶楼、饭店）、什货铺等。清平墟墟期为农历一、四、七。墟期之日，商铺门口还会摆放临时摊档，从墟外赶来投墟的附近居民，再加上墟上的原住民，墟市上人头攒动，熙熙攘攘。

民国三十五年（1946），广东省在清平墟建立新桥集中仓，主任由省田赋粮食管理处委派。由于没有粮仓，政府就租用广安当铺等民房，将其改为粮库使用。民国三十七年（1948），宝安县田粮科在这里设新桥田粮办事处，负责宝安县西部地区的田赋粮食征收。到了20世纪三四十年代，机械化加工稻谷的碾米机厂也在此落户，有大片现存厂房可以作证。碾米机厂在此设立，大概是冲着这里靠近运输便利又有码头的新桥河。1956年，新桥兆丰年米机实行公私合营，由县粮食局管理。今天，两座20世纪70年代建成的圆拱仓库还保存完好，是当时此墟的粮食储备中心。

观澜墟

观澜墟整个街区由一条南北走向的观澜大街，四条东西走向的东门街、新东街、卖布街、龙岗顶街以及沿观澜河的西门街组成。四条东西走向的街自北向南依次排开，均经观澜大街通往观澜河边，也就是当时的水路货运码头。当年这里繁华热闹，是宝安、惠阳、粤北地区的商贸集散地，也是外国商品进入这三个地区，以及内陆商品出口国外的中转站，在当时素有"小香港"之称。每逢农历的一、四、七都有集会，每次集会持续一天时间。

新东街长 85 米，宽 5.4 米，是当时的商业一条街，主要有日用百货、水果（沙梨、柿子、山竹、菠萝、李子等）、小吃、理发等店铺。

卖布街，又叫碎布街，长 90 米，宽 3.2 米，是当时洋布和省布（本地产布）的主要买卖地。洋布全部是从香港贩运过来的，有水运，也有陆运，陆运主要靠劳工们双肩挑运，早上 9 点钟出发，下午 4 点钟左右就可以到这里了。这里之所以叫卖布街，是因为它整条街全是经营布匹的。毗邻的宝安、惠阳、粤北一带的人都要到这里来买布，不仅仅因为它是商贸中心，商铺集中、货品繁多，选择的余地较大，更重要的是在这里可以买到引领时代潮流的最新、最洋气的布。漫步卖布街，可以看到一些标志性的残留痕迹，如商铺二层正门之上的两侧，有"洋贸、布匹、省布"等字样，不难想象当时这里人潮涌动的闹市景象。从观澜大街进入卖布街不到 50 米向右拐，有一条立新巷，巷里有一座不大的古炮楼，它拥有观澜最大的炮楼门。这

观澜墟整个街区由一条南北走向的观澜大街，四条东西走向的东门街、新东街、卖布街、龙岗顶街以及沿观澜河的西门街组成。四条东西走向的街自北向南依次排开，均经观澜大街通往观澜河边，也就是当时的水路货运码头。

座炮楼曾做过国民党某师的指挥部，1949 年后，做过民兵指挥部。在此炮楼的一顶角，生有一棵形态怪异、类似盆景的小榕树，微风拂过，树叶簌簌，榕树宛如一位美丽而凄婉的女子，是漫长岁月里这座炮楼唯一的见证者。

龙岗顶街不长，但有一座外观壮丽豪华、保存较完整的四层洋楼，名为"公益酒家"，意在服务于民。公益酒家占地面积为 67.5 平方米，建筑面积 270 平方米，始建于民国时期，具有明显的欧式风格，其建筑外墙为红色，因此当地人习惯称之为"红楼"。如今，公益酒家的招牌与楼的整个外观都保持原貌。这里集酒家、旅馆于一身，主要面向外来的客商。2009 年，根据古墟开发的整体规划，观澜古墟"红楼"被整体平移 43 米。公益酒家背后的小巷里有一家当时很有名的狗肉店，叫做"登康狗肉"，是观澜最早也最有名的狗肉店。

西门街，全长 68 米，在当时是杂货一条街。

在观澜古墟的东门街和南门街上，还有不少的"杉铺"，也叫"木铺"。当地人将从羊台山上砍伐的或者是从东莞一带买来的杉木，用绳子连成排，并将杉排系在柴油船后经由东江运回杉铺。如果要从东莞等下游水域拉杉木回来，就是逆流，在水比较浅的地方，船拉不动，只有靠人力，因此也派生出一个职业：拉杉工。这些杉树经过加工，或做成船，或做成家具，销往外地。而观澜河发达的水运，以及古墟众多"杉铺"也孕育出了一项独特的文化体育活动："扒龙舟"。如今，具有百年历史的"扒龙舟"与观澜客家山歌、麒麟舞一起成为当地齐名的传统文化体育活动。

整个古墟有规模不等的炮楼 6 座。其中，东门街的文昌古炮楼高 8 层，占地面积 42 平方米，是深圳地区最高的炮楼之一，后改称成昌楼，为民国时期的建筑遗址。斑驳的历史遗痕，为它增添了更多的沧桑与古朴，其巍峨之势却仍不减当年，它是客家人智慧与财富的象征。

沙井墟

云霖墟、街仔墟和新墟统称沙井墟，无固定墟期。

云霖墟在今宝安区沙井街道衙边社区云林新村。这里东南北三面有将军山、白石冈、磨盘冈、偷猪峰诸山岗环绕，西侧有河流，直达虎门太平墟，为水运孔道。南宋末，沙井陈氏支系始祖陈朝举迁来这里，定居在黄舒故里。陈朝举有三子，老大陈康道，字燕川，号云霖，潜心笃学，灌园自适，在参里山麓建园林并自命名为云霖别业，累举孝廉不就，后裔迁居松岗燕村。明代中叶，陈氏家族在云霖别业的旧址上兴建墟市，为了纪念他，取名为云霖墟。云霖墟商品多为家常用品，如药材、布匹等，洋货颇少，茶楼、妓馆均备。民国时期，这里设有警察署和西路保卫团总局。由于靠近热闹的云霖墟，云溪寺里的香火也日益兴旺起来。到抗日战争时，日军焚毁云霖墟，云溪寺也遭到极大的破坏。

街仔墟位于深圳市宝安区沙井街道沙井大街，兴建于清朝嘉庆年间（1796—1820），长约 80 米，宽 2 米多，经营各式商品的店铺有 30 多间，在新墟建成之前与云霖墟并称沙井墟。街北端有大王庙，街角有天后庙。街仔墟北去不远就是云霖墟，交通便利，盐渔（蚝）产丰富，商贸繁盛。中华人民共和国成立初期，沙井墟只有一条街道，长约 300 米，宽 2 至 3 米不等，弯曲狭窄，路面有铺水泥的，也有铺砖头乱石的。1958 年建立沙井公社后，曾将大王庙以南的街仔墟所在的街道扩宽到 4 米多，称为沙井大街。

街仔墟离沙井大村较远，后又在村中（今沙三与沙四村之间）另建一墟。因当地人称云霖墟为旧墟，就称该墟为新墟，以示区别，街名为协成街。新墟街长近 200 米，宽 2 至 3 米不等，70 多米的路面铺有水泥，其余由砖块或乱石铺成，是商住混合区，有各类商铺 40 多间。白发渔樵江渚上，惯看秋月春风。白发渔樵江渚上，惯看秋月春风。一壶浊酒喜相逢，古今多少事，都付笑谈中。

参考书目

[1] 舒懋官，王崇熙．（嘉庆）新安县志 [M]. 1820.

[2] 刘恂．岭表录异 [M].鲁迅，校勘．广州：广东人民出版社，1983.

[3]《宝安文史丛书》编纂委员会编，康熙新安县志校注 [M]. 北京：中国大百科全书出版社，2006.6.

[4] 宝安县志油印本 .1960.

[5] 广州市地方志编纂委员会办公室．元大德南海志残本：附辑佚 [M]. 广州：广东人民出版社，1991.

[6] 深圳市史志办公室．深圳市十九镇简志 [M]. 深圳：海天出版社，1996.

[7] 宝安县地方志编纂委员会．宝安县志 [M]. 广州：广东人民出版社，1997.

[8] 屈大均．广东新语 [M]. 北京：中华书局，1997.

[9] 郭棐．粤大记：上 [M]. 黄国声，邓贵忠，点校．广州：中山大学出版社，1998.

· 后记 ·

1999 年 9 月，我来到深圳，受聘于宝安沙井镇委（现为沙井街道办）宣传部，专门从事沙井古文物的考察与研究工作。

还记得刚来的时候，我和一些内地人一样，对这座城市一无所知。之前听人说，深圳是蛮夷之隅、"文化沙漠"，可当我来到沙井，看到了这里保存完好的古村落、古树、古井、古祠堂，令我豁然开朗，我不再认为深圳是个文化一片空白的城市，相反，沙井乃至整个深圳，拥有自己独特的本土文化，拥有自己厚重的文化底蕴。在这里，岭南文化独树一帜，一些古建筑、古文物的存在便是历史文化积淀深厚的最好明证。

有一天，考古班老班长彭全民同学来沙井看望我，带来了清康熙年间编纂的《新安县志》的复印本四册和嘉庆年间编纂的《新安县志》的复印本两册。得到这些宝贝，真是让我喜出望外，爱不释手。从此，它们就成了我的案头书，看了多少遍已记不清楚了，反正老彭原来精心的装订也不成样子了。刚开始读时，满纸是陌生的地名和陌生的人名，不仅存在地理空间的距离，还存在历史时间的距离。也不知从什么时候开始，那些陌生的地名不再陌生，一个个都有了较为准确的坐标；那些陌生的人名也鲜活起来，带我去寻觅一段一段历史的细节。

我查阅了《新安县志》，知道原来深圳并不是人们所说的那样是一座一夜之间冒出来的城市，它有它的今生，也有它的前世；知道了它曾属于宝安，属于东莞，属于新安，如今的东莞、深圳和香港都是宝安的孩子，它们是同胞兄弟姐妹，有相同的血缘，有相同的历史，有相同的文化，无论缺了谁，都无法重述出自己完整的历史。我试着将自己的阅读写成札记，希望能梳理清楚这个城市的历史脉络，钩沉出历史细节，让大家熟悉生活其中的这座城市，走近它，不再陌生。

要研究一个地方的历史与文化，首先必须要深究当地居民的族谱、村史，从那些发黄的案卷中找到有研究价值的东西。其次，要深入当地群众，考察历史遗留下来的古建筑、古村落，询问当地的老人，从他们吐字不清的交谈中获知他们知道的曾经在这里发生的事和生活的人。我几乎找遍了当地每一位能说得出几句关于过去的话语的老人，从老人们的零碎记忆中去寻找逝去历史的蛛丝马迹。其实，在走访的过程中，刚开始有些人是不愿意跟我谈的，不过我也有我的办法，走访之前我对这里已有了几分了解，我常先将自己所知道的讲给他们听，拉近与他们的距离，逐渐地他们便愿意坦诚相告了。而且有时候上门走访，一次问不出下次再来，直到"磨"出我要的东西。我不会讲当地方言，而有些老人也听不懂普通话，因此很多时候我就和他们进行笔谈，即将我要问的问题写在纸上，让他们口答或是记录于纸上。没多久之后，我开始与老人们分享收获，告诉他们这块那块土地的曾经过往，这根旗杆是表彰哪个进士的，那口井是哪两家争斗为了断对方龙脉挖的。渐渐地，我被沙井人接受，于是哪个村修族谱，哪家人发现了上几代传下来的宝贝，哪个家族祠堂要写楹联都会跑来找我。

也许是与学术训练有关吧，我的研究是自下而上的，从一个标本式的小地方开始，可以一直往上走。而很多人是自上而下的，而往往想下又下不来，因为往下走是很辛苦的，比如方言的鸿沟，这一条就可以难倒很多人了。沙井是一个切入口，它是一个起点，一个起点是没有大小的，因为一个小起点也可以指向广阔的天地。有了沙井的基础和积累，将来可以研究深圳的其他地方，研究珠三角，研究岭南文化。

　　我喜欢一个人默默地研究一个地方，用我自己的眼光来解读当地的历史文化。当年从江苏走出来的时候，我年纪已不小，而且之前几乎跑遍了国内各大城市，四处"流浪"的好处便是，每到一个地方我都会走访当地的老街古巷，向那里的老人请教，不经意间便增多了对当地历史文化的了解，也增长了我的见识，促使我不断成长。同时我也喜欢将自己所学到的所想到的教给当地人，我觉得这种回馈非常有意义。因此，当接到深圳市越众文化传播有限公司的邀请，我十分欣然参与《深圳风物志》第二辑的编纂工作，我愿意把这些年的考察、学习和研究的成果与大家分享，为深圳的地方历史文化添一块砖加一片瓦。